中国财政小史

刘秉麟／著

知识产权出版社
全国百佳图书出版单位

图书在版编目（CIP）数据

中国财政小史/刘秉麟著．—北京：知识产权出版社，2018.1
ISBN 978-7-5130-5242-9

Ⅰ.①中… Ⅱ.①刘… Ⅲ.①财政史—中国 Ⅳ.①F812.9

中国版本图书馆CIP数据核字（2017）第263777号

责任编辑：刘　江　　**责任校对：**王　岩
封面设计：张　冀　　**责任出版：**刘译文

中国财政小史
刘秉麟　著

出版发行：知识产权出版社有限责任公司　**网　址：**http://www.ipph.cn
社　址：北京市海淀区气象路50号院　**邮　编：**100081
责编电话：010-82000860转8344　**责编邮箱：**liujiang@cnipr.com
发行电话：010-82000860转8101/8102　**发行传真：**010-82000893/82005070/82000270
印　刷：三河市国英印务有限公司　**经　销：**各大网上书店、新华书店及相关专业书店
开　本：880mm×1230mm　1/32　**印　张：**4.625
版　次：2018年1月第1版　**印　次：**2018年1月第1次印刷
字　数：55千字　**定　价：**25.00元
ISBN 978-7-5130-5242-9

再版前言

民国时期是我国近现代历史上非常独特的一段历史时期，这段时期的一个重要特点是：一方面，旧的各种事物在逐渐崩塌，而新的各种事物正在悄然生长；另一方面，旧的各种事物还有其顽固的生命力，而新的各种事物在不断适应中国的土壤中艰难生长。简单地说，新旧杂陈，中西冲撞，名家云集，新秀辈出，这是当时的中国社会在思想、文化和学术等各方面的一个最为显著的特点。为了向今天的人们展示一个更为真实的民国，为了将民国文化的精髓更全面地保存下来，本社此次选择了一些民国时期曾经出版过的、书名中均有“小史”字样的图书，整理成为一套《民国小史丛书》出版，以飨读者。

这套《民国小史丛书》涉及文学、艺术、历史、哲学、政治、经济等诸方面，每种图书均用短小精悍的篇幅，以深入浅出的语言，向当时中国的普通民众介绍和宣传社会思想各个领域的专门知识。这套丛书通俗易懂，可读性强，在专业知识和理论的介绍上丝毫不逊于大部头的著作，既可供大众读者消闲阅读，也可供有专门兴趣的读者拓展阅读。这套丛书不仅对民国时期的普通读者具有积极的启蒙意义，其中的许多知识性内容和基本观点，即使现在也没有过时，仍具有重要的参考价值，因此也非常适合今天的大众读者阅读和参考。

本社此次对这套丛书的整理再版，基本保持了原书的民国风貌，只是将原来繁体竖排转化为简体横排的形式，对原书中存在的语言文字或知识性错误，以“编者注”的形式加以校订，以便于今天的读者阅读。希望各位读者在阅读本丛书之后，一方面能够对民国时期的思想文化有一个更加深刻的了解，另一方面也能够为自己的书橱增添一种用于了解各个学科知识的不可或缺的日常读物。

自序

十年来常专就经济史一方面研究，顾不敢以编史之事自任，不过想就各国经济史大著作中，细审其如何分类、如何整理材料之种种方法，初治克林亨（Cunningham）之《英国工商业发达史》、艾殊雷（Ashley）之《英国经济史》、齐彭尔（Seebohn）之《英国乡村》等书，自觉兴趣勃然，旋就德国俞鲁雪（Roscher）之《德国经济学史》、司德格（Inama-Sternegg）之《德国经济史》、毕雪（Bücher）之《经济发达史》等读之，对于整理与分类方面，更觉条理析然，增益不浅，后又参考法国勒瓦舍（Levasseur）

之《法国工人及实业史》等书，似更引人入胜。在此研究时期中，忽得到一种教训，即就德国俞鲁雪之著作中，得到一简明之德国经济史分类法，而此分类法，乃十年前，自编《中国租税史》时，所认为无法解决，并自觉其区分之不妥者。在十年前，虽时时爱读史书，颇有志于中国史料之整理，顾力量之不足，与方法之不谙，自己亦深深觉到。乃无意之中，忽见他人整理材料之法，其对学史方面之贡献，可以资人仿证者，实有过于《宋儒学案》《明儒学案》之所昭示于后人者。其第一步先将德国各时期经济思想，分为三类：（1）经济思想，受支配于伦理方面时之景况；（2）经济思想，受支配于财政方面时之景况；（3）经济思想，受支配于科学方面时之景况，以后再条分缕析，使人易于了解，并觉得途途是道。当时伏在图书馆书案下，即想到此种分法，何尝不可适用于中国财政史方面？在秦汉以前，谈财政者，实受正谊明道之学说所影响，秦汉以后，直至五口通商，完全受裕国利民之政策所影响，五口通商以后，经济社会变化甚大，此种变化，与前完全不同，故财政方面之情形，亦非前此所可想望，而种种财政上大问题之计划与编制，如预算问题、公债问题、租税问题、币制问题等，均非依照科学上之方法去研究，必至茫无头绪，紊乱达于万分。愚不自揣，斯时颇有编制中国财政史之计划。窃以为苟有方法，未始不可按步进行，且财政史虽为经济全史中之一部分，顾此部分，实与国民经济关系密切，兼负领导与救正之责，诚能如此寻出一番头绪，则一隅之助，未始无益。顾一人之力究竟有限，而材料之整理与收集，实有穷年不能竟其功、终身不能毕其业之苦况。且有许多材料，同时非自编统计表不可，一方面要加以辨别，一方面要新制图表，即此初步之工作，已使著者感到许多新困难，而不能不希望于将来者。此种小史之作，原非初意，急就之章，更违夙愿，且受百科小丛书字数之限制，实有削足适履、大题小做之苦。爰就史实中之荦荦大端，略为陈述，并就拙旧著《中国租税史略》中，略为删节，字数已近三四万，在百科小丛书之原订计划中，似已嫌过多，但史实只叙到清末为止，民国尚无一字叙及，故只能名曰编史之商榷，实不能名曰史，挂一漏万之处，在在均不能免，但冀因此小本，而使原来之计划，有实现之一日（德国司德格之《德国经济史》亦先出一本），并望藉此小册，而引起读者之指教，使能成其大者远者，是则著者之所切望者也。

民国二十年八月二十二日

目录

Contents

第一章

第一时期（秦以前）

按秦以前之财政状况，就散见于各古籍中者而言，有两点，为研究财政史之最大困难者。第一，古时著作，不尽可靠，与其附会，不如阙疑。若尽搜集此项可疑之著作，作为财政史中之材料，则一旦作伪之证据出现，此附会之罪，将无可逃，财政史之价值，亦因而减。第二，从科学方面与进化公例言之，古代财政之事实，要皆不免于单简；而中国人士之以古代为黄金时代者，处处皆吹扬古代之如何完备，规模如何宏大。凡后人之述及古代事实者，亦咸根据此种观念。集此二因，实予今日研究专门史者以莫大困难。著者原意研究古代财政，不妨从秦汉以后叙起，留此上古一段事实，作为疑案，以待别项科学之发明。后以秦汉以后之事实，亦有与三代相贯连者；秦汉时人之理想，更有与三代时人相关切者。以此种原因之故，遂就古书中之比较可信者，择其特点略述之，作一有系统之研究，并由此表示其由简入繁之情形。其可疑者，则概付阙如，或另加以解释。决不敢摭拾一二可疑之语，而加以傅会于其间，徒博信古与阐扬古化之名，而使真正之科学史，反因此而晦涩。

第一节 财政原则

一时代之财政状况，每受一时代之学说所笼罩。以古代社会之单简，士以箪食瓢饮相尚，家以环堵萧然为高。影响所及，其对于国家之财政，亦以节用与从俭，为最相宜；而当时财政上之各种支配，暗中实受此类学说之指使。故先述当时财政上之各种原则。

上古时代之事实，与上古时代之制度，多不可得而传。即或有之，亦多传闻失实之谈，与后人之所傅会。但上古时代之书籍，备述古圣贤之嘉言懿训者，则尚不少。换言之，即事实方面之纪载虽缺，言论方面之纪载犹存。即或不全，亦尚有可读者，所谓“诗书虽缺，然虞夏之文可知也”。（语本史迁《伯夷列传》）兹故先就古籍中之关于财政上原则者而记之于此。不宁惟此而已，古代之制度，多为后人所假造，所放大，与进化原则，及经济社会由简入繁之理相冲突。但就古人之所口述者而观之，则单简之情形，处处尚可考见。孟子口中之井田制度，亦与后人所托撰之《周礼》大不同。与其据后人之书，以述上古财政制度，尚不如据古人之片言只语，以考证当时之制度为宜。故先述财政上之原则，以表示其在研究古代财政地位上之重要。

（一）关于税收方面者

（1）均税说。孔子曰：“不患寡，而患不均。”孟子曰：“欲轻于尧舜之道者，大貉小貉也；欲重于尧舜之道者，大桀小桀也。”

（2）税源说。孔子曰：“百姓不足，君孰与足。”

（3）租税制度说。孟子曰：“取诸民有制。”

反对预征及征税官吏苛敛之诗“硕鼠硕鼠，无食我苗……”。

按古之所谓均，虽与今日之所谓均者不同，古之所谓制，虽与今日之所谓制者有别；但古之土地单税，古之制也；古之什一，古之均也。在最初之古代社会中，其立制易，其求均也亦易。至孔孟之时，各封建下之地方政府，已有国用不给之象，税收之混淆，已露端倪。就孔孟之言观之，已有不均不足之象，再证之以《硕鼠》诗，当时人民之痛苦，已可想见矣。故此寥寥数语，实可考见春秋战国时之财政状况。

（二）关于国用方面者

节用说。墨子曰："圣人为政一国，一国可倍也。大之为政天下，天下可倍也。其倍之，非外取地也，因其国家，去其无用之费，足以倍之。圣王为政，其发令兴事，使民用财也，无不加用而为者。是故用财不费，民德不劳，其兴利多矣。……去无用之费，圣王之道，天下之大利也。”（《节用上》）又曰：“古者圣王制为节用之法，……制为饮食之法，……制为衣服之法，……制为节葬之法，……诸加费不加于民利者，圣王勿为。”（《节用中》）《节用下》缺，其《节葬》《非乐》《非攻》诸篇，均由此引出。

孔子曰：“道千乘之国，节用而爱民。”又曰：“礼，与其奢也，宁俭。”

荀子曰：“足国之道，节用裕民，而善臧其余。节用以礼，裕民以政，彼裕民故多余。裕民则民富，民富则田肥以易，田肥以易，则出实百倍。上以法取焉，而下以礼节用之，余若丘山不时焚烧，无所臧之，夫君子奚患乎无余。故知节用裕民，则必有仁义圣良之名，而且有富厚丘山之积矣。此无他故焉，生于节用裕民也。不知节用裕民则民贫，民贫则田瘠以秽，田瘠以秽，则出实不半，上虽好取侵夺，犹将寡获也；而或以无礼而用之，则必有贪利纠诱之名，而且有空虚穷乏之实矣。此无他故焉，不知节用裕民也。”(《富国篇》)

按儒、墨二家之教义，极不相同，而关于节用方面之意见，则一致。墨子节用即兴利之说，尤与今日谈财政学者减少支出即增加收入之见相合。同时制为各法，举国以节用相风，并力主非攻，减少战费，力主节葬，使国无废地，于国用方面，自不无少补。儒家向主以礼乐治国，而礼之界说，则主敬而不主奢，并以“宁俭”二字，昭告后人。最重要之“礼”，尚如此，其他则又何说。但墨子与孔子之言，均从消极方面讲，若荀子则以节用裕民与富国并谈，其意义似乎更广。

（三）关于国富方面者

（1）生财说。《记》曰："生财有大道，生之者众，食之者寡，为之者疾，用之者舒，则财恒足矣。"吕氏释之曰："国无游民，则生者众。朝无幸位，则食者寡。不夺农时，则为之疾。量入为出，则用之舒。此四者，理财之要目，治平之至理也。"

（2）富国说。荀子曰："轻田野之税，平关市之征，省商贾之数，罕兴力役，无夺农时，如是则国富矣。"

（3）反聚敛说。"我能为君辟土地，充府库"，孟子斥为民贼。又曰："与其有聚敛之臣，宁有盗臣。此无他，不以利为利，以义为利也。"

综上三说，一方面反对聚敛，一方面又举出生财与富国之法。古时经济社会单简，民以食为天，国家之所取于民者，亦出于农；国家财政与国民经济，实均专注于此一点上。苟政府不夺民时，人民均努力南亩，则国与民均受其赐，而无不足之患。

以上所举，虽不能尽，但就此各家之学说而观，则单简之情形，与农业社会中之财政状况，亦可想见一二。且政务不繁，则国用不大。国用不大，则取给易足。而其所取给之源，又专在农，故为国家财政计，只有积极的提倡农业、消极的主张节用，为独一无二之方法。学者间之见解，容或不同，而经济社会之情形如此，要莫能改变而不之顾，此从当时之学说中，而可考见当时之财政实况者。学说既根源于事实而来，故知其影响所及，使各种制度之与财政相关者，均受其支配，在若干年之内，而莫之能变者也。

第二节　财政组织

财政上之分权制　秦以前之中国政治，原来为封建制度。封建制度之特色，为地方分权。地方分权之关于财政方面者，为天子与诸侯各有其财。天子取于畿内，所谓甸服有米粟之输是。此项米粟之输，即专供天子之用，即中央政府直接所征收之税也。封地以内，为诸侯之所有。诸侯自用而外，另有以贡于天子，所谓八州有贡是。贡以供天子之用，即各地方政府，将其所征收之赋税之一部分，以贡诸中央是也。贡与赋之制，就《尚书·禹贡》上所规定：冀州厥土白壤，厥田惟中中，厥赋上上错，田为第五，赋为第一，而杂出第二等之赋。兖州厥土黑壤，厥田惟中下，厥赋贞，田为第六，赋为第九，作十有三载乃同。青州厥土白坟，厥田为上下，厥赋中上，田为第三，赋为第四。徐州厥土赤埴坟，厥田惟上中，厥赋中中，田为第二，赋为第五。扬州厥土惟涂泥，厥田为下中，厥赋上下，田为第八，赋为第三。豫州厥土惟壤，下土坟垆，厥田为中上，厥赋错上中，田为第四，赋为第二，而杂出第一等之赋。梁州厥土青黎，厥田惟下上，厥赋下中三错，田为第七，赋为第八，而杂出七等九等之赋。雍州厥土黄壤，厥田上上，厥赋中下，田为第一，赋为第六，九州之地定垦者，九百一十万八千二十顷。贡与赋之源，均出自田，故述赋之时，不得不兼及田。至九等之差，乃因九州地有广狭，民有多寡，其赋税所收入之总数，自有不同，不可以田之高下而准之。计其所入之总数，而多寡比较，有此九等。冀州之赋，比九州为最多，故为上上。兖州之赋，比九州为最少，故为下下。其余七州皆然。非取于民之时，有此九等之轻重也。按甸服有米粟之输即指王畿之内五百里是。此五百里之内，又就道路之远近，以定品类之粗细，百里赋纳总，二百里纳铚，三百里纳秸服，四百里粟，五百里米是。

在此时期中，关于财政上之组织，照《周礼》所载，其完备之处，实有为随后各时期所不及者。例如管理财政之官吏，在天官范围以内者，有太宰、小宰、宰夫、职纳、职岁、职币、司会、司书、太府、玉府、内府、外府等。在地官范围以内者，有大司徒、小司徒、载师、闾师、县师、遂人、遂师、廛人、泉府等。苟按此官名，再加以傅会，则财政部、审计院、国库、金融监理局等机关，灿然皆备。再如制用之法，有邦都之赋，以待祭祀。邦中之赋，以待宾客。山泽之赋，以待表纪。关市之赋，以待王之膳服。邦甸之赋，以待工事。邦县之赋，以待币帛。四郊之赋，以待稍秣。家削之赋，以待匪颁。币余之赋，以待赐予。若照今日之名词，以推考《周礼》上之办法，是今日所办不到之预算制，二千年以前即已有之。他如会计之制，如司会所管，调剂市面之法，如司市所管，均为今日所办不圆美，而二千年前即已见之者，谓非一般人士之理想上所造而何？故此项组织，均出于《周礼》上者；以《周礼》一书之经多人指驳，因此此项组织之是否成立，亦在疑似之中。本段虽略述其大概如此，其详细情形，则均从略，学者为参考计，可参阅《周礼》“天官”“地官”二篇可也。

第三节 租税制度

古时经济社会单简，因田制赋。其所以制赋税者，谓公田什之一。故当时言租税者，必不能离田制。而井田之制，一方面虽为田制，而其他一方面，是可视为税制。田制与税制，在今日虽大有分别，不容混乱，而在古时之因田制赋者观之，则税既专出自田，一制度之可以为税制者，同时自亦可以为田制。井田之制，表面上虽似乎极繁杂，实则繁杂之说，均出自《周礼》，本篇悉屏而不录。自著者观之，古时田产私有制度，尚未萌芽，在公田制度之下，必有以供政府之用者，什一之征，由此而起。贡也，助也，彻也，其实皆什一也。其税之名目，如贡，如助，如彻，虽有不同，其纳税之数目，如五亩、七亩、十亩，虽有轻重，而其比例，则均为十分之一，故曰什一。夏后氏五十而贡，一夫受田五十亩，而每夫计其五亩之入以为贡。殷人七十而助，始为井田之制，以六百三十亩之地，画为九区，每区七十亩，中为公田，其外八家，各授一区，但借其力以助耕公田，而不复税其私田，《诗》曰："雨我公田，遂及我私，惟助惟有公田。"即指此项井田之制。周人"方里而井，井九百亩，其中为公田，八家皆私百亩，同养公田"。所谓百亩而彻，一夫授田百亩是，耕则通力而作，收则计亩而分，故谓之彻。贡以十分之一为常数。助则公田七十亩中，以十四亩为庐舍，一夫实耕公田七亩，有常数则凶年不足之时，必求取盈，而乐岁粒米狼戾之时，又寡取之。助则藉民力以耕公田，而丰歉与民共，此龙子所以云治地莫善于助，莫不善于贡也。商制既较夏制为善，而周制则与商制相同，所谓"虽周亦助也”是。照《孟子》中所述井田之法，实无《周礼》上所记载之详。使诚如《周礼》上所言，则周制较商制之详备，不啻倍蓰，焉有孟子绝口不提之理。既将商制与夏制较，谓商制较夏制佳，又引证《诗·小雅·大田》之篇，将周制与商制较，谓之无别，则《周礼》所云云，或孟子尚未及见之耳，其为后人托古造制，于此更显。

降至春秋，世衰法坏，鲁民以宣公之无恩信也，不肯尽力于公田，而宣公遂于十五年择其善亩好谷者税取之；破什一之法，履亩而税，实自此始，此春秋所以有初税亩之讥也。夫什一者，当时赋额之正中，故什一行而颂声作，二不足而怨声起，三代相承，因缘未改。但以经济社会渐渐变动之故，国家之支出，亦随之而增涨，鲁宣公之创税亩，成公之作邱甲，哀公之用田赋，或即因缘此种原因而起。春秋各国中，同一现状，而破坏井田之制，独见于鲁史者，或以孔子作《春秋》，于鲁记载较详之故，其他各国军费之较浩大者，或早已有此现象，故当时学者皆有减轻租税尊重什一之论调，最显著如孔子有薄敛之词，有若有盍彻之对，其最透澈者，如孟子所云“易其田畴，薄其税敛，民可使富也；食之以时，用之以礼，财不可胜用也”。孟子之言乃指一般诸侯而言，由此而知赋税之重，井田制之不得不破坏，已成各国共有现象，不仅鲁国一国而已也。不过在此破坏之中，仍日日思所以保存与补救之法，如孟子对滕文公之问，谓“暴君污吏，必慢其经界，经界既正，分田制禄，可坐而定也。……请野九一而助，国中什一使自赋”。其视税制之重要，亦可由此推见，而润泽之方，终未见滕文公之实行者，或亦时势变迁，复古之难，有以使然欤。

附：本时期中之各项财政计划

（子）李悝平籴法　李悝之学说，乃《汉书·食货志》上所记，比较近真；据《汉书》所记："李悝为魏文侯作尽地力之教，以为地方百里，提封九万顷，除山泽邑居参分去一，当田六百万亩；治田勤谨，则亩益三升，不勤则损亦如之，地方百里之增减，辄为粟百八十万石矣。"又曰："籴甚贵伤民，甚贱伤农，民伤则离散，农伤则国贫，故甚贵与甚贱，其伤一也。善为国者，使民无伤，而农益劝。今一夫挟五口，治田百亩，岁收亩一石半，为粟百五十石，除十一之税十五石，余一百三十五石。食，人月一石半，五人终岁为粟九十石，余有四十五石。石，三十，为钱千三百五十，除社闾尝新春秋之祠，用钱三百，余千五十。衣，人率用钱三百，五人终岁，用千五百，不足四百五十；不幸疾病死伤之费及上赋敛又未与此，此农夫所以尝困，有不劝耕之心，而令粜至于甚贵者也。是故善平籴者，必谨观岁有上中下熟；上熟，其收自四，余四百石；中熟自三，余三百石；下熟自倍，余百石。小饥则收百石，中饥七十石，大饥三十石。故大熟则上籴三而舍一，中熟则籴二，下熟则籴一，使民适足，价平则止。小饥则发小熟之所敛，中饥则发中熟之所敛，大饥则发大熟之所敛而粜之。故虽遇饥馑水旱，籴不贵而民不散。取有余以补不足也。行之魏国，国以富强。”照此计划，于开辟全国富源，调剂国民经济，均能顾到，国家收入，自亦随之而富，是所谓不加税而税之收入自加者也。

（丑）商鞅徕民法　《商君书》本不可据以为实，商君之财政计划，今日不可得而详，但就其事业而观，与秦人所以并天下之故，其说亦不无参考之价值。生产要素第一为土地，而农业国之富源，犹专恃此；秦地广而不能尽耕，是货弃于地也。欲尽地力，自待人工，生产要素，人工本为第二，在农业国，有人斯有土，有人方能耕，来民之法，是为当时增加生产之惟一方法。姑据此意，录《商君书》中之一段如此，其真不得而传，姑就其后人所假托者录之，学者参考可也。“今秦之地方千里者五，而谷土不能处二，田数不满百万，其薮泽溪谷名山大川之材物货宝，又不尽为用，此人不称土也。秦之所与邻者，三晋也，所欲用兵者，韩魏也。彼土狭而民众，其宅参居而并处……此其土之不足生其民也，以有过秦民之不足以实其土也。今以草茅之地，来三晋之民，而使之事本，此其损敌也，与战胜同实，而秦得之以为粟。此反行两登之计也。”

此段语句是否真实，不可得而详，但商君之计划，与其后来所成就者，比较观之，其意实如此。

（寅）管仲轻重法　《管子》一书，实不可靠，而管子之事实，与其财政上之计划，又以年代太远，无可证实，即欲从他方面加以考证，亦非本篇范围所能及，故此处从略。

第二章

第二时期（秦汉至南北朝）

中国财政小史

在中国历史上，各种制度，变化最大者，莫如秦汉以前。与秦汉时相比较，从财政方面而观，此中变化更显然，经济社会之根本上变动不论矣（详拙著《中国经济史》中），他如征税之制与种种筹款之法，要均与前此不同；而学者间对于国家财政之意见，亦每每分为二派：一为主张正谊明道，不计功利之消极派，一为裕国利民，专为国家辟财源之积极派。此二派之争执，关于思想方面者，正可以由此察出当时经济社会与国家财政上之实际变动。无论在任何过渡时期中，此种现象，均可考见。按本篇所述秦以前之财政，与此处所述秦以后之财政，其不同之处，即由单简渐趋于复杂是。昔时之岁入，视为裕如者，到此时已有不足不给之象，非另辟财源，国家之一切政务，将无从进行。且秦汉以前财政上为地方分权制，中央之支出与收入，因之有限。自秦废封建，改郡县，财政上虽不能名曰完全中央集权，但渐趋于集中之势。中央之支出与收入，自因之扩大，再加以并吞六国，筑万里长城，建阿房宫，举行封禅等，皆为前此所未见，此时之政费、军费、建筑各费，既增加如是之速，同时自非考究富国之策不可。因考究富国之策，自不得不注意于财政上之计划。因谋财政上计划之能实现，不得不托古改制，借古人之名，以免后人之非难，而实际上能达到其目的。因之周秦诸子之名，多为秦汉时人所利用，因其一点，形成一书，吾人生当今日，亦可视此部分之著作，为代表秦汉时人思想之著作。

按此种变动之发生，秦实启其端，汉承秦绪，复杂更甚；思想方面之变动，亦以秦运短促，至汉时始渐趋于成熟，有整个之主张，为秦时所未见者出现。

第一节　富国政策

一时代之政第，实受一时代政局之影响；从中国财政史方面而言，兴利之臣，富国之策，以汉武、王莽时比较最著者，实因当时国家支出大增之故。按汉武时西南夷方面，有司马相如等之凿山通道，以广巴蜀；朝鲜方面，有彭、吴等之穿秽貊，设沧海郡；东瓯方面，有朱买臣等之设计招徕；匈奴方面，有卫青等之迭张挞伐；国威之远播，未有过于当时者，故终武帝之世，算商车，置盐铁官，算缗钱舟车，榷酒酤，各种筹款之法，一时并起，而其法之能为后世所沿袭，并俨然成一经济上之计划者，愿举而述之于后。

（一）桑宏羊之盐铁均输平准及榷酒酤法

谈盐铁均输平准酒酤之书，以《盐铁论》为最详；《盐铁论》者，乃当时所举贤良文学之士，与御史大夫辩论盐铁平准均输酒酤之利弊者也。贤良文学之士，代表当时人民之思想，根据历史上之旧观念，极力攻其弊，主张罢免；御史大夫代表政府之意见，挟其理论上之根据，侈陈其利，力主施行。文学曰："窃闻治人之道，防淫佚之原，广道德之端，抑末利而开仁义，毋示以利，然后教化可兴，而风俗可移也。今郡国有盐铁酒榷均输与民争利，散敦厚之朴，成贪鄙之化，是以百姓就本者寡而趋末者众。夫文繁则质衰，末盛则本亏，末修则民淫，本修则民悫，民悫则财用足，民侈则饥寒生，愿罢均输，所以进本退末，广利农业便也。"大夫曰：

“匈奴背叛不臣，数为寇暴于边鄙，备之则劳中国之士，不备则侵盗不止，先帝哀边人之久患苦，为虏所系获也，故修障塞，饬烽燧，屯戍以备之，边用度不足，故兴盐铁，设酒榷，置均输，蕃货长财，以佐助边费。今议者欲罢之，内空府库之藏，外乏执备之用，使备塞乘城之士，饥寒于边，将何以赡之，罢之不便也。”文学曰：“孔子曰，有国有家者，不患寡而患不均，不患贫而患不安，故天子不言多少，诸侯不言利害，大夫不言得丧，畜仁义以风之，广德行以怀之，是以近者亲附，而远者悦服。故善克者不战，善战者不师，善师者不阵，修之于庙堂，而折冲还师，王者行仁政，无敌于天下，恶用费哉。”大夫曰：“匈奴桀黠擅恣，入塞犯厉中国，杀伐郡县朔方都尉，甚悖逆不轨，宜诛讨之日久矣。陛下垂大惠，哀元元之未赡，不忍暴士大夫于原野，纵然披坚执锐，有北面复匈奴之志。又欲罢盐铁均输，忧边用，损武略，无忧边之心，于其义未便也。”文学曰：“古者贵以德而贱用兵，孔子曰，远人不服，则修文德以来之，既来之，则安之，今废道德而任兵革，兴师而伐之，屯戍而备之，暴兵露师以支久长，转输粮食无已，使边境之士，饥寒于外，百姓劳苦于内，故以罢之为便也。”……大夫曰：“往者郡国诸侯各以其物贡输，往来烦杂，物多苦恶，或不偿其费，故郡置输官，以相给运，而便远方之贡，故曰均输。开委府于京，以笼货物，贱即买，贵即卖，是以县官不失实，商贾无所贸利，故曰平准。平准则民不失职，均输则民齐劳逸，故均输平准，所以平万物而便百姓，非开利孔为民罪梯者也。”文学曰：“古者之赋税于民也，因其所工，不求所拙。农人纳其获，女工效其功。今释其所有，责其所无，百姓贱卖货物以便上求。间者郡国或令民作布絮，吏留难与之为市。吏之所入，非独齐陶之缣、蜀汉之布也，亦民间之所为耳。行奸卖平，农民重苦，女士再税，未见输之均也。县官猥发，阖门擅市，则万物并收。万物并收，则物腾跃。腾跃则商贾侔利，自市则吏容奸豪，而富商积货，储物以待其急。轻贾奸吏，收贱以取贵，未见准之平也。盖古之均输，所以齐劳逸，而便贡输，非以为利而贾万物也。”（《本议》）

综就两方面之议论观之，一主张营业自由，一主张国家管理。主张营业自由者，以重农为根本，对外则主怀柔。主张国家管理者，以生财不专限于农，对外则主讨伐。此种经济方面观察不同之点，其他各国均有之，而吾国乃能于此时期中即有此不朽之著作。虽自汉以后，文学方面之理论，能得学者间之拥护，与守旧迷古者合而为一，其势亦厚，但均输之法，实成为后世谈财政者之所取法，言治者皆于此中求之，实中国经济政策中之最可纪述者。

（二）郑当时、桑弘羊之漕运法

在战争时，最重要之事，为运粮问题。即在和平时，京中之粮食，亦专赖各处供给。以中国数千年来交通之不便，而粮食之需要，又为刻不容缓之事，故漕运一事，实为中国财政史上一重大事。而考其源始最早见于秦，秦欲攻匈奴，使天下飞刍挽粟，可名曰运粮法之始。至武帝时，因郑当时建议，派徐伯表率数万人，穿漕渠，费三年之功，而漕运大通。桑弘羊领大农时，以京城缺粮之故，每年由山东方面，运入米六百万石，漕运之效用，如斯大著。

（三）王莽之五均六筦法

秦皇、汉武而后，在中国财政史上，改革最大，且具有完美之计划者，为王莽时之经济政策。其经济政策，可分为四项：一为对于农田之办法，将土地所有权，尽行取消，更名天下田曰王田，不得买卖，实今日国有土地之办法。二为货币上之兼用龟贝制，汉代之货币制本用钱，而莽兼用龟贝，至其理由与办法，则非此所能详。三为五均法，五均者，照《汉书·食货志》所载，长安东西市令、五都市长，更名为五均司市称师，皆置交易丞五人，钱府丞一人。司市常以四时仲月，定所掌物，为上中下之价，为其市平。物，周于民用，而不售者，均官用本价取之。物昂贵过平一钱，则以平价卖与民。民欲祭祀丧纪，钱府以所入工商之贡但赊之。欲贷以治产业者，除其费，计其所得受息，毋过岁什一。四为六筦法，据王莽诏书，六筦者，一为盐，二为酒，三为铁，四为山泽，五为赊贷，六为泉布铜冶。

第二节 财政组织

自秦并六国，设郡县后，中央之财政权，亦因之扩大，且政务日繁，岁出日增，故关于财政上之组织，自较前为严密，不过时代相隔较远，记载之可征实者又少，今兹所述，亦不过举其大略而已。

（一）财政官厅

秦时之财政制度，已将国家与君主之经费划分。管理君主之经费者，曰少府，管理国家之经费者，曰治粟内史。此种官名，自今日视之，或以为奇；而在农业社会中，国家之收入，均来自田赋，则其最重要之财政官吏，所掌之事，自为管理谷货者。汉初，因秦旧制。景帝时，改为大农令。武帝时，更名大司农；所掌之事，钱谷而外，金帛货币均属之，其属官分为太仓、均输、平准、都内、藉田五部分，每部分设一令丞，以外又有干官、钱市两长丞，及郡国诸仓、农监、都水等官，此西汉时之制度也；东汉则大司农之下，只设太仓、平准两令，以外另设一专司帑藏之部丞，此东汉之制度也。至专为君主管理财政之少府，亦秦时所创设，掌山海池泽之税，以供养天子。汉因秦旧制，又大加扩充，少府卿之下，设有太医令、太官令、守宫令、上林苑令、尚书令、符节令、中藏府令、都水长、均官长等官，而水衡都尉下所属之官吏，专为君主征收各项收入者，尚不在内；东汉则少府之管辖范围更大，至末叶更公私不分，何者应属少府，何者应归大农，公私不分，财政上之紊乱，遂不堪问矣。

（二）审计方法

汉萧何收秦图籍而后，以郡国上计，不可无专家而善于算者司之，于是命张苍领郡国上计，位置甚高。武帝时，曾三次受郡国计。光武时，将岁中遣吏上计之事，立为定制。所有属郡计吏，均由大司农掌之，其通未毕，各具列之。由此而观，西汉之制，只将上计簿送呈京师。东汉之制，则各处计吏，亦当入京。中央审计之权，似东汉更较西汉详密。

第三节　租税制度

在此时代中，公田之法虽废，而国家所恃以给国用者，仍惟田赋，不过军兴之际，国用不足，于是不得不另辟种种税源，至有征榷遍天下之语。按此项征榷之法，亦复不一，旋兴旋废，名目万端，此处不过略述田赋上变迁之概况，与各种杂税之名目而已。

（子）田赋

秦始皇三十一年，使黔首自实田，以定赋，任民作耕，不计多少，舍地税人，实自秦始（考其最早尚在秦孝公十二年开阡陌）。《汉书》所谓秦分田租、口赋二十倍于古是也。汉兴，天下既定，高祖约法省禁，轻田租十五而税一，量吏禄，度官用，以赋于民，所谓量出为入是。惠帝即位之后，因什五税一之法，中道闲废，又从而复之。文帝十二年，纳晁错之说，厚恤农民，诏赐天下民租之半。十三年除民之田租。景帝二年，令民半出田租，三十而税一。武帝末年，悔征伐之事，行代田之法，田一亩三圳，岁代处，故曰代田，古法也。昭帝始元元年，诏毋令民出今年田租，元辅二年，令三辅太常郡得以菽粟当赋，征本色以便农人也。宣帝本始元年，赦天下租税勿收。三年，诏郡国伤旱甚者，民毋出租赋。四年，有地震之灾，诏亦如之。元康二年，又免被灾之郡本年租赋。元帝初元元年，令郡国被灾害甚者，毋出租赋，成帝建始元年，郡国被灾什四以上，毋收田租。哀、平之际，凡被灾之郡，皆先后免收租税，此西汉之制也。东汉光武建武六年，令郡国收田租，按三十而税一，如旧制。建武十五年，诏州郡检覆垦田。章帝建初三年，诏以布帛为租。桓帝延熹八年，初令郡国有田者亩税敛钱，乃出于常赋三十取一之外。灵帝中平二年，税天下田亩十钱，又名修宫钱，此东汉之制也。魏武初平袁氏，以定邺都，令收田租亩粟四升，户绢二匹，绵二斤，余皆不得擅兴藏，强赋弱。晋武帝平吴之后，置户调之式，丁男之赋，岁输绢三匹，绵三斤，女及次丁男为户者半输，其诸边郡或三分之二，远者三分之一，夷人输賨布户一匹，远者或一丈，男子一人占地七十亩，女子三十亩，其外丁男课田五十亩，丁女二十亩，次丁男半之，女则不课。东晋成帝咸和五年，始度百姓田，取十分之一率，亩税米三升。哀帝减田租，亩收二升。孝武太元二年，除度定田收租之制，王公以下，口税三斛，唯蠲在身之役。八年，又增税米口五石。自东晋以后，历宋齐梁陈，其军国所需杂物，随土所出，临时折课，市取乃无恒法定令。令列州郡县，制其任土所出，以为征赋。赋敛无时，征求不一，王子良所谓百姓骇迫，不堪其命是也。（王子良为当时人，有表上齐高帝。）魏令每调一夫一妇，帛一匹，粟一石，人年十三以上未娶者，四人出一夫一妇之调，奴任耕、婢任绩者八口当未娶者四，耕牛十头当奴婢八。其麻布之乡，一夫一妇布一匹，下至半以此为降，大率十匹中五匹为公调，二匹为调外费，三匹为内外百官俸。孝文延兴四年，户增帛三匹，粟二石九斗，以为官司之禄，复增调外帛满二匹。至太和元年，行均田法。孝明孝昌二年，税京师田租亩五升，借贷公田者亩一斗，庄帝时因人贫富为租，输三等九品之制。北齐给受田令，仍依魏制。文宣天保八年，立九等之赋。富者税其钱，贫者役其力。武成之时，因所役甚广，奸欺日甚，户口租调，十亡六七。周制，司赋掌赋均之政令，凡人自十八至六十四与轻疾者皆赋之，有室者岁不过绢一匹，绵八两，粟五斛，丁者半之；其非桑土，有室者，布一匹，麻十斤，丁者又半之；丰年则全赋，中年半之，下年一之，皆以时征焉；若艰凶札，则不征其赋，此南北朝时代之制度也。

（丑）各种杂税

在此时期中，国家之正项收入，虽仍出于田赋，而国计所需，单田赋实不足以给国用，结果各项税收，因缘而起，此处姑按各种名目，略为分述于后。

（1）盐铁。秦赋盐铁之利，二十倍于古，汉武改置盐铁官，官自鬻盐。陈时复行煮海税盐之法。后周时，凡监盐每池为之禁，百姓取之皆税焉。

（2）酒酤。汉武初榷酒酤，昭帝时，令民得以律占租卖酒，升四钱。

（3）算商贾。汉武初算商贾，始税商贾车船，令出算也；后又算缗钱，其初只为商贾居货者设，至其后，杨可告缗遍天下，凡有蓄积者，皆被害矣。

（4）**关市税**。汉太初四年，徙弘农都尉治武关，税出入者以给关吏卒食。自东晋至陈，关市之设，渐渐推广，备置官司以征税，后魏明帝时，凡入市者，人税一钱，北齐亦有关市邸店之税，后周宣帝时，复兴入市之税。

（5）**海租**。汉武时，县官尝自渔海，有海租之名；宣帝时，大司农中丞耿寿昌自增海租三倍，宣帝从其计。

（6）**马口钱**。汉武时，租及六畜，有马口出敛钱。

（7）**文券税**。晋自过江至于梁陈，凡货卖奴婢马牛田宅，有文券率，钱一万输佑四百入官，卖者三百，买者一百，无文券者，随物所堪，名为散佑，历宋齐梁陈，均如此，以为常法。

(8) 僧尼税。僧尼税，始于北齐后主，实寓惩戒之意，南北朝宋文时，令僧尼资产满二十万者，四分借一。

(9) 率贷。南北朝宋文时以军费不足，王公富绅各献私财，其他富有之家，资满五十万者，四分借一。

(10) 修城钱及逋城钱。宋制受官二十日，送修城钱二千，当时尚有逋城钱之名。

附：本时期中之各种田制上改革计划

（子）董仲舒名田法 按名田者，占田也，名为立限，不使富者过制，则贫弱之家可足，其说不能用，然其议论始终为儒家所重视。哀帝时，孔光、师丹等用事，曾实行限民名田之制，章程已立，因有中梗，未能进行。

（丑）王莽王田法 王莽用激烈办法，将土地上私人所有权，一律取消，更名天下田曰王田，即今日土地国有之意，私人不得买卖，男口不满八，而田过一井者，分余田与九族乡党，实隐寓平均地权之意。

（寅）晋武帝户调法 见“田赋”中。

（卯）魏李安世均田法　按均田法，一夫治租四十亩，中男二十亩。照其立法，所受者露田，诸桑田不在还受之限。意桑田必是人户世业，是以栽植桑榆其上。而露田不栽树，则似所种者，皆荒闲无主之名，列为公田以供授受，则固非尽夺富人之田以予贫民也。又令有盈者无授不还，不足者受种如法，听其从便买卖，以合均给之数，则又非强夺之以为公田也。

第三章

第三时期（隋唐宋）

按此处所谓第三时期之起始，即中国政治史上黑暗时代之告终，三国六朝中间之岁月，与五胡十六国之互相争并，结果使社会经济、国家财政，破坏达于极点，而隋文者，即在此大杀大戮之后，民户不满四百万之下，暂获一时之安宁者也。此种现象，本系暂局，承平日久，人口渐多，国计所需，自随而增涨，乃中国史家不察，易受儒家、道家学说之毒，对于此一二开创之君主，必以为系节俭消极之德所致，而对于继承之君主，处承平日久人口渐多状态之下，喜从事于边陲与兴土木者，必加以暴君之名，而不知人口多则生计日艰，人事繁则政费自大，虽无暴君，亦苦不给。一二专管财政之吏，在此状况之下，知节流之说，有时而穷，不得不另辟开源之法。顾财政上开源之说，最为儒家所忌，且修改古人之陈法，更为儒家所切齿，贤如陆贽亦不以两税为然。但事实上旧时之办法，既以积弊太深，与经济社会变迁之故，不能不改，而此一二特出之财政家，又皆能不增民困，解国家于倒悬，其所创之法，经数百年而不能变，且为以前之司财政者所不能及。以距今较近之故，其成绩之在人耳目者，史迹上尚易推寻之，非如第一时期中之语多傅会，与第二时期中各种事实之尚待精细考证也。

第一节 财政家

自隋唐以来，秉国计者，每以人而治，不以法而治。故一朝之财政，得其人则措置裕如，国用以给；失其人则左支右绌，徒兴仰屋之嗟。此处不曰富国政策者，因各财政家所立之法，类多补苴罅漏，弥缝一时之弊，非如桑宏羊、王莽等所创之均输、平准、五均六等法也。不曰财政原则者，因各财政家皆专从事实方面着想，并非一种学理上之研究也。以隋代而言，据历史上之所载，其财政状况之佳，不仅魏晋四百年来无可与比，实为中国全部财政史上所稀见。开皇十二年时，有司上言库藏皆满，且薄赋于民，又大经赐用，不得已只好开左藏之院，构屋而受之，有宁积于人，无藏府库之诏，财政状况既如此之佳，而其何以能致此之原因，则史书中不详，徒曰文帝躬履俭约所致，此中国儒家专从一方面观察之常调，必非事实上之全部真相，即曰当时寰宇粗安，国用有限，则岁入又因何不减，由此观之，则当时理财政者之得法，可不言而喻，虽其法无可传之价值，而其人之才必有可取者，不然何以一传而至炀帝，即有民穷财尽赋役锐减之事也。自隋以后，在此时期中有著名之理财家，为中国财政史上所仅见者，特分述于后。

（一）刘晏

当唐代宗时，新承安史乱后，天下户口，十亡八九，孑遗余民，困苦达于极点，税源一方面，实为最棘手之时候，而当时藩镇跋扈，州县均为所据，贡赋不入中央，府库浩竭，朝不济夕，岁入一方面，亦可谓最绝望之时候，更加以四郊不靖，戎狄每岁犯边，所在均屯重兵，其费浩大，岁出一方面，实有无法应付之象。凡此种种困难，均集于晏之一身，据《唐书》所载，晏有精力，多机智，变通有无，曲尽其妙，常募人觇报四方物价，虽远者不数日皆达，故食货轻重之权，均在其掌握，国家既因此获利，而各处物价，亦无甚贵甚贱之忧。其筹款方法之最可纪者，第一为培植税源，所谓理财之道，养民为先，是晏以为户口滋多，则赋税自广，故诸道各置知院官，每旬月具雨雪丰歉之状以告，丰则贵籴，歉则贱粜，或以谷易杂货供官用，而于丰处卖之，知院官始见不稔之象，先申至某月须蠲免若干，某月须救助若干，及期，晏不待州县申请，即奏行之，不至使其困弊流殍，然后赈之也。由是民各安业，户口蕃息，晏始为转运时，天下见户不过二百万，其季年乃三百万。其尤可奇者，晏所统之地则增，非晏所统之地则不增，其初财赋岁入不过四百万缗，季年乃千余万缗，此其成绩之彰彰可考者。其次为整饬财政官吏，晏以为办理财政，在于得人，故必择通敏精悍廉勤之士而用之，常言士陷赃贿，则沦弃于时，名重于利，故士多清修，吏虽深廉，终无显荣，利重于名，故吏多贪污。其勾检簿书，出纳钱谷，事虽至细，必委之士类，吏惟书符牒，不得轻出一言，其属官虽居数千里外，奉教令如在目前，无敢欺绐，权贵属以亲故，晏亦应之，俸给多少，迁次缓速，皆如其志，然无得亲职事。其场院要剧之官必尽一时之选，故晏没之后，掌财赋有名者，多晏之故吏，此其政绩之所遗留于人世者。但此二点而外，其军费、政费之所赖以供给者，为彼最著名之榷盐法。晏以为整理盐务，不宜官多，官多则民扰，故但于出盐之乡，置官收盐，转鬻于商，任其所之，其去盐乡远者，转官盐于彼处贮之，或商绝盐贵，则减价鬻之，谓之常平盐，官获其利，而民不乏食，其始江淮盐利，不过四十万缗，季年乃六百万缗，所谓天下之赋，盐利居半，其情形尚超过今日盐税占四大税源之一以上，至今谈盐政者咸称之，实在吾国盐政史上放一异彩。以外其分段运谷之法，亦有可称者，先是运关东谷入长安者，以河流湍悍，率一斛得八斗，则受优赏，晏以为江汴河渭各处，水力不同，各随便宜，造运船，教漕卒，江船达扬州，汴船达河阴，河船达渭口，渭口达太仓，其内缘水置仓，转相受给，自是每岁运谷，虽百余万斛，无升斗沉覆者，其计划之周密，几无往而不令人称赞。

（二）杨炎

当唐代宗时，纳第五锜[1]之策，将天下财赋，尽贮于大盈内库使宦官掌之。由是天下公赋，均变为人君私藏，有司不得窥其多少者，殆二十年，宦官蚕食其中，牢不可动。自唐德宗任杨炎为相而后，当即言于帝曰："财赋，国之大本，生民之命，重轻安危，靡不由之，是以前世皆以重臣掌其事，今独使中官掌之，出入盈

[1] "第五锜"应为"第五琦"。——编者注

虚，大臣皆不得知，政之蠹弊，莫过于此，请出之以归有司，度宫中岁用，量数奉入，如此然后可以为政。”德宗从其请，由是国用大纾，前代数十年来之积弊，一朝除尽。

按当时适承乱离之后，天下残瘁，版籍隳废，德宗又用杨炎之说，随顺人情，视贫富以制赋，其法以资产为宗，不以丁身为本。就资产之多少，以定税之重轻，实自德宗建中元年行两税法税始。一时盈庭之论，言者纷纭，或以为成法不可擅更，执政者不宜狃于近利，或以为法久必改，庶胥吏无所售其奸，各执一词，互相争论，改革之难，如斯可见。夫征税之法，以不逆人情，而负担得其平，收入核实，而执政者能操轻重之权，既不宜拘泥于成法，亦当应时势以为迁移。溯自秦废井田以来，唐虞三代之规，既不能复，而两汉以后，执政者狃于复古之见，创为授田租庸调之法，而夷考其实，既与古不能相符，而行之于今，犹多流弊，因授田之名，而重民之赋，授田之法既不能与三代同，而授受不详，奸宄遂因缘而起，而赋之重为民病者，遂不可复轻。自唐以来，执政者固守高祖、太宗之法，不敢轻更，而时变势移，有不能尽行者，则逼胁州县，妄增逃羡以为功。降至至德而后天下兵起，人口凋耗，版图空虚，赋敛之司，莫相统摄，纪纲大坏，王赋所入无几，科敛凡数百名，废者不削，重者不去，吏因其苛，蚕食于人，富人多丁，及以宦学释老得免，贫人无所入，则丁存，故课免于上，而赋增于下，是以天下困穷，荡为浮民，乡居土著者百不十五，租庸调之不能实行也昭昭矣。租庸调之法，既不能行，则两税之制实应时势之要求而生，杨炎变之是也。

照两税之法，夏输无过六月，秋输无过十一月，置两税使以总之。凡百役之费，必度其数而赋于人，量出制入。户无主客，以见居为薄，人无丁中以贫富为差，不居处而行商者，在所在州县税三十之一，度所取与居者均使无侥利，其租庸杂徭悉省，而丁额不废。其田亩之税，以大历十四年垦田之数为定，而均收之。遣黜陟吏按诸道丁产等级，免鳏寡茕独不济者，敢加敛以枉法论。旧制三百八十万五千，使者按得主户三百八十万，客户三十万，天下之民不土断而地著，不更版籍而得其虚实，岁敛钱二千五十余万缗，米四百万斛以供外，钱九百五十余万缗，米六百余万斛以供京师，天下便之，此两税法之大概，及当时实行后之效果也。中国租税之稍有制度，未始不自两税法始，盖三代以前，政治单简，赋役之法尚矣，秦汉以后税额紊乱，无复定纪，两税之法，就常时观之，实利于国而便于民。使此法而不善也，后起必有变之者，而自唐以来，朝代虽更，此制终相传莫替。谓此法而尽善也，则已往之弊虽尽除，而一时之弊犹未理，启后儒之驳论，予人民以无形之痛苦，要皆不能斟酌利害，熟议缓行之过也。愿就各节，亦详论之。

夫立法之初，不厌求详，而征收之方，尤宜核实。杨炎之定两税法也，以大历十四年垦田之数为定，而均收之，一时权时施宜之举，实非经国体远之方，而征收者复横收苛敛，改科役曰召雇，率配曰和市，以巧避微文，比大历之数再倍，遂至赋税日重，生民苦之。当时法制不详，而田数之定，后世更无从稽考，其所以以大历十四年垦田之数为标准者，意图其便也。马端临述之较详，马氏之言曰："唐初分田税为租庸调，田则出粟稻为租，身与户则出绢布绫绵等物为庸调。然口分世业，每人为田一顷，所谓租庸调者，皆此受田一顷之人所出也。中叶以后，田亩之在人者，不能禁其买易，官授田之法尽废，则向之所谓输庸调者，多无田之人矣。继以安史之乱，版籍遗失，其不可转移失陷者，独田亩耳，然则视大历十四年垦田之数，以定两税之法，虽非经国之远图，乃救弊之良法也。”因其为一时救弊之良法，而不为经国久远之图，遂至一弊去而一弊兴，狃于一时之见，不足云良法美意也。一法之立也，民生之疾苦，在在攸关，应如何而后得负担之均平，应如何而后免征敛之横暴，执其事者万不能就一时之便，遂苟且而行之。陆宣公之论两税也，实瞭然于当时之利弊，而知税制之大纲者，故细绎其论财产税之言，实足为后世研究税制者之助，又岂仅一时之名言已也。陆氏之言曰：“两税新制，竭耗编甿，日日滋甚。当今之世，要宜损上益下，啬用节财，而乃摘郡邑，验簿书，州取大历中一年科率多者，为两税定法，此总无名之暴赋而立常规也。夫财之所生，必因人力。两税以资产为宗，不以丁身为本，资产少者税轻，多者税重，不知有藏诸襟怀囊箧，物贵而人莫窥者，有场圃囷仓直轻而众以为富者，有流通蕃息之货，数寡而日收其赢者，有庐舍器用，价贵而终岁利寡者，计估算缗，失平长伪，挟轻赀转徙者脱徭役，敦本业者困敛求，此诱之为奸，驱之避役也。今徭赋轻重相百而以旧为准，重处流亡益多，轻处归附益众，有流亡则摊出，已重者愈重，有归附则散出，已轻者愈轻，人婴其弊。”名言切论，百世不移，财产税之所以不能尽行，行之所以不能得其平者，职是故也。杨炎不审，遂至税日重而民日苦，非立法不详之咎，又谁之咎欤。

不宁惟是而已，杨炎之立两税法也，各种租税，咸括于内，行商者则就所在之县税之，俾无幸利之可乘。又恐重税以困民也，立法之初，其租庸杂徭悉省，意至善法至美也。乃行不三年，诏增天下税钱，每缗二百，继以国用不给，淮南节度陈少游，增其本道税钱，因诏天下皆增之。自时厥后，增税之诏，无时无之，增之不足，复加以间架之税、除陌之算，取之于民者既不一，而国家之威信尽失，遂至怨声载道，祸及宗祊，杨炎之所以为千古罪人，实奉法不严之过，亦初定两税法时不详之过也。

按两税之最为民病者，莫如不征谷帛而征钱币，其实钱币之征，不自两税法起。大历元年，诏天下苗一亩，税钱十五，秋苗方青，则征之，号青苗钱。又有地头钱，亩二十。是钱币之征，人皆以为两税以后之弊，观此则由来久矣，杨炎因其方便，从而效之，定为两税之法，其弊在不知当时经济社会之情形，而贸然行之，遂至谷帛之价日轻，民人之输税者日苦。善乎齐抗之言曰：“百姓本出布帛而税反配钱，至输时复取布帛更为之估计折合，州县升降成奸，若直定布帛，无估可折。盖以钱为税则人力竭，而有司不之觉，今两税出诸农人，农人所有，惟布帛而已，用布帛处多，用钱处少，又有鼓铸以助国计，何必取诸农人哉。”此代表当时经济社会之言论。就其所言而观，当时犹为农业时代，钱币之流通于市面者既不多，而需用之途陡增，供给少而需要多，其值必涨，因之谷帛之价，比较之间，随之而贱，是税率未加，而人民输税之数，不啻倍蓰，执政者又安能仅图计算之便，而不顾民生之疾苦，社会之情形，以定为法，此改折之弊，所以流毒于当时，终唐宋元明之世，论者迄无宁日也。

（三）王安石

宋神宗即位而后，一方面在政治上，励精图治，一方面在军事上，亟欲扩充武备，二者之结果，非先从理财着手，以增加国家之收入不可，因之重用王安石，虽招各方面之非难，亦用之而不疑。安石为中国大政治家之一，其所计划，自不专限于财政一方面，不过单就其在财政上之所设施者而观，亦为中国历史上所仅见，而为此所不能不略述者。随后所述，即单从财政上之所兴革，略举其彰彰在人耳目者，分别述之。

（甲）条例司之组织　熙宁二年，安石参知政事，倡言周置泉府之官，以权制兼并，均济贫乏，变通天下之财，后世惟桑宏羊、刘晏粗合此意，今欲理财，当修泉府之法，以收利权，神宗纳其说，乃置三司条例。司，掌经画邦计，议变旧法以通天下之利。按此种组织，实为安石整理财政，改变旧法之初步，而他方面之狃于旧习惯者，亦群向此点攻击。

（乙）青苗法 宋神宗即位之初，有陕西转运使李参以部内多戍兵，而军粮不敷支给，令民自隐度麦粟之赢，先贷以钱，俟谷熟还官，号青苗钱，经数年廪有余粮，于是条例司遂请以诸路常平广惠仓钱谷，依陕西青苗钱例，民愿预借者给之，令出息二分，随夏秋税输纳，愿输钱者从其便，如遇灾伤，许展至丰收日纳，诏可行之。先是京东转运使王广渊言，春农事兴，而民苦乏，乞留本道钱帛五十万贷贫民，岁可获息二十五万，安石以与青苗法用意相合，遂与之议行青苗法，于熙宁三年九月诏全国行青苗法。法行而后，非难之声四起，其中尤以韩琦、司马光之议论最能引人注意，司马光以为愚民只知取债之利，不知偿还之害；韩琦以为青苗之原意，务在惠小民，而公家无所利其入，今立条约，令乡户借钱一千，纳还一千三百，是官家放钱取息，无乃与惠民之初意相违背。

（丙）免役法 免役法者乃就当役各民户之产业，分为五等，岁以夏秋随等输钱，名曰免役钱，他如富户、女户、寺观、单丁、未成丁者亦按等第输钱，名助役钱，凡输钱先视各州县应用雇直多少，随户等均取雇直，以外又增取二分，以备水旱欠搁，名曰免役宽剩钱。法既定，揭示一月，民无异辞，著为令，令下，募者执役，被差者散去，开封一府罢衙前役八百三十人，畿县乡役数千，遂颁其法于天下，至哲宗时，司马光请悉罢免役钱，诸色役人皆如旧制，苏轼、范纯仁等以为差役、免役，各有利害，免役之法，要不可废。当时王安石正家居，每闻朝廷变其法，夷然不以为意，及闻罢助役，复差役，愕然失声曰："亦罢至此乎！"良久曰："此法终不可罢。"以上所述，乃举其荦荦大端者而言，其他与财政上之关系较浅者，此处均从略，又如手实法等，乃吕惠卿等所创设，故此处均不述。

第二节　财政组织

（一）财政上之官制

隋管财政之部曰度支，在度支尚书之下，共分六曹：（1）度支曹，掌计会事役粮库等事。(2) 仓部曹，掌诸仓帐[1]出入等事。(3) 左户曹，掌天下户帐、户籍等事。(4) 右户曹，掌天下公私田租调等事。(5) 金部曹，掌权衡度量及诸库藏文帐等事。(6) 库部曹，掌戎仗器用所需事。

唐代管财政之机关曰户部，内中又分为四属：一曰户部属，管理田户赋役贡献之事；二曰度部属，计算租赋物产之丰约事；三曰金部属，管理库藏出纳，及度量衡事；四曰仓部属，管理军储禄粮仓廪之事。唐制有一特别之点，即刑部中有一比部属，勾考内外钱谷出纳之事，略与今日所谓会计监督之义相似而掌握国家之政权者，亦即由此可参考国计，如李吉甫所著之《元和会计簿》，或即根据此项材料而编定。以外九寺中之司农寺，掌仓储委积

[1] “帐”，今作“账”。后同。——编者注

之事，及太府寺掌财货廪藏贸易之事，皆为中央理财之官。至地方上之财政事务，自开元以后，随时设立转运、盐铁、青苗以及两税诸使。按照成例，地方上之事务，向由转运使掌之；中央事务，由度支使掌之，所谓度支司内转运司外是。结果内外莫相统摄，财政上遂至不可收拾。中叶而后，藩镇跋扈，国势分裂，财政上之组织，更无可述。

宋代理财之官，亦比较有系统。财政事务，独立于二府之外，名曰三司，设三司使及副使。在三司使之下，分为三大部分：一度支，二户部，三盐铁。在度支之下，又分为八案，即赏给案、钱帛案、粮料案、常平案、发运案、骑案、斛斗案、百官案等是。在户部之下，又分为五案，即户税案、上供案、修造案、曲案、衣粮案等是。在盐铁之下，又分为七案，即兵案、胄案、商税案、都盐案、茶案、铁案、设案等是。至元丰时，依照唐制办法，将中央财政上之事务，分隶于户部及司农、太府二寺，户部分四司，即户部、度支、金部、仓部是。将旧日三司使所管理之事务，分别并入。以外司农寺则掌仓储委积，太府寺则掌库藏出纳、平准贸易之事，但后来以其职务，与金部、仓部略有混淆，建炎时罢司农寺，以其事务并入仓部，罢太府寺，以其事务并入金部。南渡而后，有六院四辖之名目。所谓六院者，除原有四司而外，新设审计院、粮料院。所谓四辖者，一权货物都茶场，二杂买物杂买场，三文思院，四左藏东西库，各置一提辖官专领其事。

（二）官俸

官俸在以前各时期中，记载较简，且

以一般生活简单之故，官吏之生活，自亦比较简单，故三代之官吏，分田制禄，两汉之官吏，月俸米钱，其在国家支出项下，自不若后来之重要，亦多为记载者所删略。自隋唐以后，官俸遂成为国家岁出之大宗。以隋制言，京官一品岁俸九百石，至从八品五十石，九品无实俸。外官分为三种，即州俸、郡俸、县俸是。而每种之中，又分为九等，州俸第一等六百二十石，第九等三百石。郡俸第一等三百四十石，第九等一百石。县俸第一等一百四十石，第九等六十石。以唐制言，其先后之情形亦不同，在武德时，京官岁俸最高者为七百石，最低者三十石；外官无俸，但给职分田，最高者十二顷，最低者二顷，亲王以外别有永业田。在贞观时，百官得上下考者给禄一年，出使者廪其家，新至官者计日给粮。在开元时，有俸料之名，一品以至九品各有等差。在大历时，官禄更滥，权臣月俸有至九十万者，刺史亦至十万，文武官吏月俸二十六万缗，而增给者居三之一。在贞元时，又增百官及畿内官月俸，并置手力资课，岁给钱六十一万六千余缗。至宋时官俸更丰，其名目可分为十二项：一官俸及服赐，二职钱，三禄粟，四公用钱，五供给及食料钱，六添支料钱，七厨食钱，八折食钱，九添支钱、添支米，十茶汤钱，十一随身之衣粮，十二傔人之餐钱。

第三节　租税制度

（子）田赋

隋文帝依周制，役丁为十二番，匠则六番，丁男一床，租粟三石，桑土调以绢絁，麻土调以布，绢絁以匹计，加绵三两，布以端计，加麻二斤，单丁及仆隶各半之，有品爵及孝子顺孙、义夫节妇并免课役。开皇三年，减十二番，每岁为三十日役，减调绢一匹为二丈。开皇九年，帝以江表初平，给复十年，自余诸州，并免当年租赋。十年，以宇内无事，益宽徭赋，百姓年五十者输庸停役。十二年，诏河北河东今年田租三分减一，兵减半，功调全免。炀帝即位，将事辽碣，增置军府，扫地为兵，租赋之入，亦因而减，征伐巡幸，无时休息，天下怨叛，以至于亡，此隋之税制也。

唐武德二年制，每丁租二石，绢二匹，绵三两，自兹之外，不得横有聚敛。七年，始定均田赋税，凡天下丁男十八以上者给田一顷，笃疾、废疾给田十亩，寡妻妾三十亩，若为户者加二十亩，皆以二十亩为永业，其余为口分，永业之田，树以桑枣，及所宜之木，田多可以足其人者为宽乡，少者为狭乡，狭乡授田，减宽乡之半，凡庶人徙乡及贫无以葬者，得卖世业田。凡授田者，丁岁输粟二石，谓之租，丁随乡所出岁输绢绫絁各二丈，布加五之一，绵二两，输布者麻三斤，谓之调，用人之力岁二十日，闰加二日，不役者日为绢三尺谓之庸，有事而加役二十五日者免调，三十日租调皆免，通正役并不过五十日。若岭南诸州则税米，上户一石二斗，次户八斗，下户六斗，夷獠之户皆从半输，蕃人内附者上户丁税钱十文，次户五文，下户免之，附经二年者上户丁输羊二口，次户一口，下户三户共一口，凡水旱虫蝗为灾，十分损四分以上者免租，损六分以上免租调，损七分以上课役俱免。按唐世虽有公田之名，而有私田之实，其后兵革既起，征敛烦重，遂杂取于民，远近异法，内外异制，民得自有其田而公卖之，天下纷纷，遂相兼并。玄宗开元八年，颁租庸调法于天下，纳宇文融之说，括籍外羡田逃户自占者给复五年，每丁税钱千五百文，括得客户八十余万，田亦称是，岁籍钱数百万缗。天宝五载诏贫不能自给者，每乡免三十丁租庸。天宝中应授田一千四百三十万三千八百六十二顷十三亩。代宗宝应元年，举八年中租调之违负及逋逃者，计其大数而征之，于是促迫日急，铤而走险者日多。广德元年，诏一户三丁者免一丁，庸税、地税依旧，凡亩税二升，男子二十五为成丁，五十为老，以优民。大历元年，诏天下苗一亩税钱十五，市轻货，给百官手力课，以国用不给秋苗方青则征之，号青苗钱，又有地头钱，亩二十，通名青苗钱。又分田为二等，上等亩税一斗，下等六升，荒田亩税二升。五年始定法，夏时上田亩税六升，下田亩四升，秋时上田亩税五升，下田亩三升，荒田如旧，青苗钱亩加一倍，而地头钱不在焉。大历四年，定每年税钱，上上户四千文，上中户三千五百，上下户三千，中上户二千五百，中中户二千，中下户千五百，下上户一千，下中户七百，下下户五百文，其一品官准上上户税，九品官准下下户税，此唐初至大历时之租税状况。德宗建中元年行两税法（两税法见前），凡国用所仰给，以两税为主。至宪宗时，分天下之赋以为三，一曰上供，二曰送使，三曰留州。又令诸道取于所治州不足，则取于属州，而属州送使之余，与其上供者皆输度支。其区分之法，与今日地方税与国家税之划分相仿佛。其留州之赋，或与今日地方税中之附加税相似，惜其制不详，莫得而考。穆宗时，因物轻钱重，民以为患，距定两税时已四十年，从前绢二匹半者至此时为八匹，大率加三倍，由是两供上供及留州者，均易以布帛丝纩，租庸课调不计钱而纳布帛；会昌元年敕州县所征斛斗一切依额为定，不得随年检责，数外如有荒闲陂泽，能垦辟耕种者，所收苗子，五年不在税限，五年之外依例纳税。大中二年，制诸州府县等纳税，只合先差优长户车牛。四年，制百姓两匹之外，不许分外更有差率，委御史台纠察，其所征两税匹段等物，并留州留使钱物，按虚实估价，以前均有定制，行之稍久，有不尽依敕条者，乃委长吏郡守，从严科惩。昭宗时，诸道多不上供。按宣宗复河湟后，正税及附税岁入约九百二十二万缗，然与岁出相较，少三百余万，此唐末之税制也。

后唐庄宗推恩天下，除百姓田租，放诸场务课利欠负者，而租庸使孔谦违诏，更制括田竿尺，尽率州使公廨钱，天下怨苦，民多流亡，租税日少。吴徐知诰为淮南帅，蠲人口钱，余税悉收谷帛细绢匹，直千钱者税二十。庄宗同光三年，敕城内店宅园囿，比来无税，顷因伪命，遂有配征，后来以所征物色，添助军装，宜示矜蠲，今据紧慢去处，于见输税丝，每两作三等，酌量纳钱，其丝永与除放。明年以军食不足，敕河南尹预备夏秋税，民不聊生。明宗天成元年，除随税加征之省耗。三年，于夏秋田苗上每亩纳曲钱五百足文。长兴二年，每亩纳农器钱一文五分。四年定起征条例。长兴九年，勅天下州府受纳秆草。潞王清泰元年，免诸道逋租三百三十八万。晋天福四年，敕诸道不得擅加赋役，所纳田租，委田户自量自概。汉隐帝时，加征雀鼠耗及省耗钱。周广顺二年，均牛皮税于田亩，计二十顷取一皮。显德三年，宣三司指挥诸道州府，今秋夏税以六月一日起征，秋税至十月一日起征，永为定例。又敕织造絁细绢布绫罗绵绮纱谷等幅阔二尺五分。又令所纳官绢每匹须及十二两，绌绢依旧长四十二尺，此五代时收税之情形也。观其变革，大概言利国者，则额外加征，言利民者，则钱币改折，纷扰相承，迄无宁日。

宋制岁赋之类有五：一曰公田之赋，凡田之在官，赋民耕而收其租者；二曰民田之赋，百姓各得专之者；三曰城郭之赋，宅税、地税之类；四曰丁口之赋，百姓岁输身丁钱米；五曰杂变之赋，牛革蚕盐之类。太祖建隆四年，令诸州受民租籍，不得称分毫合勺铢厘丝忽，钱必成文，绢帛成尺，粟成升，丝棉成两，薪蒿成束，金银成钱。真宗大中祥符八年，诏禁诸仓羡余。开宝三年，诏诸州府两税所科物，非土地所宜者不能抑配。端拱元年，诏纳二税于各路元限外，可并加一月限。淳化四年，下诏询问均平赋税之道。

至道元年，诏蠲无名配率。至道末，岁收谷三千一百七十万七千余石，钱四百六十五万六千余贯，绢一百六十二万五千余匹，絁紬二十七万三千余匹，布二十八万二千余匹，丝线一百四十一万余两，绵五百一十七万余两，茶四十九万余斤，茎芟三千余万围，蒿二百六十八万余围，薪二十八万余束，炭五十三万余秤，鹅翎杂翎六十二万余茎，箭干八十九万只，黄铁三十万余斤。当时租税有谷、帛、金铁、物产四类。谷之品七：一曰粟，二曰稻，三曰麦，四曰黍，五曰穄，六曰菽，七曰杂子；布帛丝棉之品十：一曰罗，二曰绫，三曰绢，四曰纱，五曰絁，六曰紬，七曰杂折，八曰丝线，九曰绵，十曰布葛；金铁之品四：一曰金，二曰银，三曰铁镴，四曰铜铁钱；物产之品六：一曰六畜，二曰齿革翎毛，三曰茶盐，四曰竹木麻草刍菜，五曰果药油纸薪炭漆蜡，六曰杂物。

其输纳有常处，而以有余补不足。其移此输彼，移近输远，谓之支移。其入有常物，而一时所须，则变而取之，使其值轻重相当，谓之折变。其输之迟速，视收成早暮而宽为之期，夏有至十月，秋有至明年二月者，所以纾民力也。天圣时贝州言民析居者例加税，谓之罚税，他州无此，请除之，诏可。自是州县有言税之无名若苛细者，所蠲甚众。自唐以来，所收税目，名品烦细，其类不一，官司岁附帐籍，并缘侵扰，民以为患，明道中因诏三司沿纳物，以类并合，于是三司请悉除诸名品，并为一物，夏秋岁入，第分粗细二色，百姓便之。凡赋谷以石计，钱以缗计，帛以匹计，金银丝绵以两计，稿秸薪蒸以围计，他物各以其数。神宗熙宁五年，重修定方田法。八月，诏司农以均税条约并式颁之。按熙宁十年二税见催额，五千二百一万一千二十九贯石匹斤两领围条角竿，夏税一千六百九十六万二千六百九十五贯匹等，秋税三千五百四万八千三百三十四贯匹等。元丰二年，诏诸路支移折税，并具所行月日，上之中书，权发三司。户部判官李琮根究逃绝税役，江浙所得逃户凡四十一万七千三百有奇，为书上之。明宗除琮淮南转运副使，两路凡得逃绝诡名挟佃簿籍不载并阙丁凡四十七万五千九百有奇，正税并积负凡九十二万二千二百贯石匹两有奇，乃定制均轻重之等以税赋，户籍在第一等、第二等者支移三百里，三等、四等二百里，五等一百里，不愿支移而愿输道里脚价者，亦酌度分为三等以从其便。徽宗崇宁二年，诸路岁稔，行增价折纳之法，民以谷帛输积负零税者听之。又诏天下租赋，科拨价折，当先富后贫，自近及远，乃者漕臣失职，有不均之弊，其定为令，支移本以便边饷，内郡罕用折变之法，视岁丰稔，以定物之低昂，俾官吏毋得私其轻重。又诏比闻慢吏废期，凡输官之物，违期促限，蚕者未丝，农者未获，追胥旁午，民无所措，自今前期督输者加一等，坐之，致民逃徙者论更加等。高宗绍兴元年，诏民力久困，州县因缘为奸，今颁式诸路，凡因军期不得已而贷于民者，并许计所用之多寡，量物力之轻重，依式开具，使民通知，又税额减去大观三分之一。孝宗淳熙五年，诏郡邑两税，除折帛折变，自有常制，当输正色者，毋以重价强之折钱。光宗绍熙元年，臣僚言，今之为绢者一倍折而为钱，再倍折而为银，银愈贵钱愈难得，谷愈不可售，旧税亩一钱，输免役一钱，今岁增其额，不知所止矣，既一倍其粟，数倍其帛，又数倍其钱，而又有月桩钱、板帐钱，不知几倍于汉唐之制，此犹东南之赋可知也，至于蜀赋之额外无名者尚不可得而知。理宗嘉熙二年，臣僚言蠲赋之诏，无岁无之，而百姓未沾实惠，盖民输率先期归于吏胥揽户，乃遇诏下，则所放者吏胥之物，及揽户之钱。淳祐八年，御史陈求鲁请禁预借之法。宋自南渡以来，川蜀之赋最重，科敛繁多，有诸路常平司坊场钱、激赏绢奇零绢估钱、布估钱、常平积年本息、对籴米及他酒盐诸色名钱。大抵于常赋外，岁增钱二千六十八万缗，而茶不预焉，军需稍充，蜀民始困，后虽迭经蠲减，而其弊不去，此两宋时代之制度也。

辽赋税之制，自太祖任韩延徽始制国用，太宗籍五京户丁以定赋税。圣宗太平七年，诏诸在屯者力耕公田，不输税赋，此公田制也。十五年，募民耕滦河旷地，十年始纳租，此在官闲田制也。又诏山前后未纳税户，并于密云、燕乐两县，占田置业入税，此私田制也。各部大臣从上征伐，俘掠人户，自置郛郭为头下军州，凡市井之赋即归之，此头下军州赋制也。辽制之可纪者如此。

金制官地输租，私田输税，其输租之制不传，大率分田之等级为九，而差次之，夏税亩取三合，秋税亩取五升，又纳秸一束，每束计十有五斤，夏税六月至八月止，秋税十月至十二月止，分为初中末三限。章宗泰和五年，改秋税以十一月为初限，中都、西京、北京、上京、辽东、临潢、陕西地寒，稼穑迟熟，夏税以七月为初限，又有牛头税及牛具税，明安穆昆部女直户所输税也。金制之可记者如此。

（丑）杂税

（1）盐税。唐贞元元年，刘彤请检校海内盐铁之利。乾元时，第五琦为诸州权盐铁使，尽权天下盐，斗加时价百钱。刘晏任盐铁使后，天下之赋，盐利居半。自李锜而后，盐法遂坏。穆宗时，侍郎张平叔因魏博内附，欲复官自卖盐之法，韩愈力争之。宣宗时裴休上盐法八事，其法皆施行，两池榷课大增，此唐时榷盐之制也。五代时盐法极峻。宋初盐筴只听州县给卖，岁以所入，课利省申，而转运司操其赢以佐一路之费，初未有客钞也。雍熙二年三月，令河南北商人，如要折博茶盐，令所在纳银，赴京请领交引，盖边郡入算纳请，始见于此。天圣七年，令商人于在京榷货物，入纳钱银，算请末盐，盖在京入纳钱算请，始见于此。而解盐算请，始天圣八年。福建、广东盐算请，始景祐二年。京师岁入现钱至二百二十万，诸路斛石至十万石，其意虑客钞行，而州县之盐不足，则为之限制。熙丰新法，增长盐价，于是河北复官盐，而广盐亦通入江湖，置任籴司以所封桩诸路增剩盐利钱充籴本。元祐时裁损剩数，且罢封桩，三年令任公裕裁定增损九路盐价，未几复新法。绍圣三年，江湖淮浙六路，通算钞引现钱充足。元祐八年额外有增，五分入朝廷封桩，五分转运。元符元年，令福建准此。崇宁元年，敕盐钞每一百贯于在京入绝九十五贯，于请盐处纳充盐本，其绍圣三年五分指挥不行。自二年十二月行法，至三年十一月在京已及一千二百余万贯，遂尽罢诸路官，以盐钞每百贯拨一贯与转运司，于是东南官卖，与西北折得之利，尽归京师，而州县之横敛起矣。宋时盐政，有南盐、北盐、蜀盐等名目，吕东莱论之最详。吕氏之言曰，就海而论淮盐最资国用。方钞盐未行之时，建安军置盐仓，令真州发运。是时李沆为发运使，运米转入其仓，空船回皆载盐，散于江浙湖广诸路，各得盐资船运，而民力宽。此南方之盐其利广，而盐榷最资国用。解池之盐，国家专置使以领之。北方之盐，尽出于解池。当时南方之盐全在海，北方之盐全在解池。若论禁榷之利，天下之兴，固皆禁榷。惟是河北之盐，自安史乱，河北一路，缘藩镇据有河北盐后，国家因而以盐定税，所以河北一路，盐无禁榷。自后章惇为相方始行禁榷，犯刑禁者甚多，盗贼滋起。推大纲论之，必取之于民稍宽，则盐法可公行，若迫而取之，加以官刑，此见小者必至于失大，而盐法之弊，所以不可施行也欤。辽太宗会同初年，置榷盐院于香河县。金世宗大定二年，始许民以米易盐，设榷盐局于大盐泺。承安三年，复定盐价及盐课。

（2）关税（商税附）。唐时有泗口税场，凡经过衣冠商客金银羊马斛斗见钱茶盐绫绢等皆有税，开成二年奏除之。宋兴，凡州县皆置务，关镇或有焉，大者专置官监临，小则命佐兼领。行者赍货，谓之过税，每千钱算二十。居者市鬻，谓之住税，每千钱算三十。太宗时诏除贩夫贩妇细碎交易之税，又民人所织缣帛非出售于市者勿得收算。真宗时诏除十三州军税鹅鸭年额钱。大中祥符元年，诏免农器税。哲宗时诏取元丰八年所收商税额钱五十五万二千二百六十一缗有奇以为新额。徽宗时，诏在京诸门凡民衣屦谷菽鸡鱼果蔬炭柴磁瓦器之类并蠲其税。高宗时诏京城久闭，有贩货上京者免税。孝宗、光宗、宁宗时减罢州县税目亦不一。开禧元年，罢广东税场八十一墟。宝祐时，罢临安税场。辽太祖时，置羊城于炭山北，起榷物以通诸道市场。金世宗时定商税法，金银百分取一，诸物百分取三。章宗时敕尚书省定院务课商税额。

（3）榷酤。唐代宗广德二年，敕天下州各量定酤酒户，随月纳税，此外不问公私，一切禁断。大历六年，量定三等，逐月税钱，并充布绢进奉。德宗建中元年罢酒税。贞元时，凡置肆以酤者，每斗榷百五十钱。长兴时，秋苗一亩，征曲钱五文。宋朝之制，三京及州城内皆官自造曲，惟县镇乡间许民酿而定其岁课。真宗时诏定榷酤之法。至道二年，两京诸州收榷课铜钱一百二十一万四千余贯，铁钱一百五十六万五千余贯，京城卖曲钱四十八万余贯。熙宁十年以前，天下诸州酒课岁额四十万贯以上者两处，东京、成都是也，三十万贯以上者三处，开封、泰、杭是也，二十万贯以上者五处，京兆、延、凤翔、渭、苏是也，十万贯以上者三十二处，五万贯以上者九十三处，五万贯以下者四十五处，三万贯以下者五十四处，一万贯以下者十九处，五千贯以下者十六处，无定额者十八处，无榷者十三处。皇祐中酒曲岁课合缗钱一千四百九十八万六千一百九十六。至治平中减二百一十二万三千七百三。至嘉定四年，诏复潭州税酒法。辽制，凡头下军州酒税赴纳上京。金世宗时，设酒税司。

（4）榷茶。唐德宗时税天下茶按十取一，旋罢之。贞元九年，复税茶。穆宗时，增天下茶税率，百钱增五十。武宗时，增江淮茶税。宋太祖时，诏民茶折税外，悉归官卖，自后皆以茶代税。其后收茶之法，或取之于折税，或取之于本钱，而鬻茶之法，则由官重估以鬻出。景祐中，罢给茶本钱，纵园户贸易，而官收租钱。后徽宗时，蔡京执政，仍旧禁榷，复归官买。

（5）其他杂敛。唐德宗因军用不给，取僦匮纳质钱，行闲架税，并算除陌。闲架税者，其法每屋二架为间，上间二千，中间一千，下间五百，与法兰西之窗棂税相似。除陌法者，凡公私给与，及买卖，每缗官留五十钱，各给印纸，与印花税相似，而税率较高。元和时行捉钱法。宋太祖时，征纳礼钱，凡宰相、枢密、藩镇咸纳如其数，与今日一部分之所得税相同。太宗时令买扑坊务者收抵当。宋太祖开宝二年，始收民印契钱。按税契始于东晋，史文简略，不可得考。宣和末征收经总制钱。绍兴时，征月桩钱。其间名目繁杂，又征板帐钱。按月桩行之江湖，板帐行之浙江、福建，而州县之所藉以办此钱者，曰酒坊牙契头子钱，上下之间，名目各不吻合，如有不足，则违法扰民以图及额，百姓有以斛面罚钱等事诉之朝廷者，则州县曰吾以办经总制钱而已，上下相朦，民人重困。宋宁宗时，罢广西诸州牛税，又罢沿海诸州海船税，又免京城官私房赁地门税。理宗时，免征竹木税。度宗时，减田器税钱十之四。《金史·食货志》所载，凡租税之外，算其田园屋舍车马牛羊树艺之数，及藏镪多寡，征钱曰物力，物力之征，上自公卿，下至民庶，无苟免者，物力之外，又有铺马、军须、输庸、司吏、河夫、桑皮、故纸等钱，名目琐细，不可殚述。

第四章

第四时期（元明清）

中国财政小史

中国财政上之弱点，至元时而毕露，递至明清，此种状况，似更显明，其故盖由于生齿日繁，经济社会，亦较前为发达，因之国家支出，亦时虞不足之象。此种情形，固不自元为始，不过自元入关而后，以疆宇扩大之故，第一步之困难，即在财政。史家所谓元初有三聚敛之臣者，以儒家之眼光观之，固可号曰聚敛，实则当时非此所谓聚敛之臣者，元之政府，恐亦无法可以维持。但祖宗既赖此种聚敛之臣，以维持其开创之大业，数传而后，子孙虽欲效其祖宗聚敛之成法，终至全年所收，不敷一月之用（见元顺帝时财政实录）。由此可见国用支出之浩大，与其增加之速。明太祖继之，虽欲效法各朝开创之君主，轻赋薄敛，顾事实上亦办不到，只有整理之一途，别无减轻之方法。中叶而后，加征加税之诏，既迭见于简章，溷派花派之名，复腾怨于宇内，他如墨吏之浮征，豪强之影射，其弊更有不可胜穷者。至崇祯末年，李自成檄文中，有征敛重重，民有偕亡之痛等语。明之亡国，其原因虽繁，而财政上之原因（如加税），要为其中最重要之一。前清入关而后，征收之法，多沿用未改，其能一时相安也，或以大军之后，经过一番大杀戮，人口无多，暂时安泰，故其制度，既无可述，其财政上之险象，亦不久而环生。咸同而后，军兴饷绌，田赋而外，税额屡增，厘金一项，商民受累最深，贩自东市者既须纳课，货于西市者又复重征。自甲午一蹶，外债突增，正赋而外，加派滋多，既违其祖宗永不加赋之文，而补苴罅漏之方，终苦无术。自时厥后，重以拳匪之乱，创巨痛深。加之百务纷更，经费浩大，故加盐税，加鸦片烟税，乃至米税、糖税、酒税、烟税、茶税、绸缎税、首饰税、屠户税，名目繁苛，诛求无所不至。

而收入之不足，依然如昔，于是公然设赌，大行彩票，犹有不敷，则先代所严禁之陋规，亦复请提以充国用。薤狝既尽，国随以亡，流毒至今，犹未稍减。其弊之所出，则由于承办之法，日久弊生，小吏之任其事者，类皆倚势凌民，诛求备至。而其所苛征横敛之赢余，即以肥其私腹，并未尝纳之公家。兼之贪戾之吏，每多法外之需索。故征收之法，省与省不同，县与县复异，而人民所负担之租税，实较国家所征收之额为多。其次则由于法制不行，典章虚设，《大清会典》及《户部则例》等书，虽财政上之事，皆规定之，而稽之实际，则形式虽具，多未遵行。且当行政之时，类皆以长官之意向为转移，而藐视法令。他如折色之抬高，胥吏之中饱，其弊更有不可胜穷者，财政之紊乱，与清理之为艰，可谓达于极点。

第一节　财政上整理之方案与典籍

按此时期中，既无学理与政策之可述，其可留为后人之研究者，即一二整理之方案，与各种简册，今姑分别说明于后。

（一）黄册、鱼鳞图册

黄册乃规定赋役之法，鱼鳞图册乃证实土田之数。黄册与鱼鳞图册系相辅而行。黄册以户为主，详具旧管新收开除实在之数，为四柱式。鱼鳞图册以土田为主，所有原坂坟衍下湿沃瘠沙卤之别，悉载其中。考明初定赋役法，一以黄册为准。册有丁有田，丁有役，田有租。租曰夏税，曰秋粮，凡二等。夏税无过八月，秋税无过明年二月。民始生至十六曰未成丁，十六以上曰成丁，成丁而役，六十而免。田分二等，曰官田，曰民田。凡官田每亩税五升三合，民田减二升，重租田八合五升三勺，没官田一斗二升，惟苏松嘉湖税独重，有亩税二三斗者。洪武二十年，命国子监生武淳等，分行州县，随粮定区，每区设粮长四人，以田多者为粮长，督其乡赋税。同时并量度田亩方圆，次以字号，悉书主名及田之丈尺，编类为册，状如鱼鳞，故号曰鱼鳞图册。洪武二十六年，核定天下土田总数，为八百五十万七千六百二十三顷六十八亩有奇，至弘治时，只四百余万顷，仅得一半，逮万历时，张居正秉政，通行丈量，力除欺隐，复得七百余万顷。至洪武二十六年时所征田税，夏税米麦四百七十一万二千九百石，钱钞三万九千八百锭，绢二十八万八千四百八十七匹。秋粮米二千四百七十二万九千四百五十石，钱钞五千七百三十锭，绢五十九匹。

（二）“一条鞭法”

明世宗嘉靖九年创行“一条鞭法”。所谓一条鞭者，总括一州县之赋役，量地计丁，丁粮毕输于官。一岁之役，官为佥募。力差则计其工食之用，量为增减，银差则计其交纳之用，加以征耗。凡额办派办京库岁需与存留供亿诸用度，以及土贡方物，悉并为一条，皆计亩征银，折办于官，故谓之“一条鞭”。试行之初，数行数止。迨隆万之世，提编增额既如故，又多无艺之征，逋粮愈多，规避亦愈巧，已解而愆限，或至十余年未征，而报收一县有至十万者，逋欠之多，县各数十万，赖行此法，无他科扰，民力不大绌。先是已有纲银、一串铃诸法，纲银者，举民间应役岁费丁四粮六总征之，易知之而不繁，犹网之有纲也。一串铃则伙收分解法也。因之民间输纳，只收本色及折色银。揆其立法之初心，深恐税目繁杂，胥吏因缘为奸，征敛日多，民人以此重累，并之为“一条鞭”者，原欲图人民输纳之便也。诚使正供而外，别无加派之名，民力所难，悉予免除净尽，则“一条鞭”之法，诚为一时之最善者。就纳税者而观，迭输之苦，受累最深，一条之征，为事较便。若使赋敛不时，朝令暮改，则当其有者半价而卖，无者取倍称之息，于是有卖田宅鬻子孙以纳税者，又何如征收有定法，输纳有定时之为愈耶。且就征税者而观，名目杂则陋规多，手续繁则费用大，使次次催科之扰，可以免除，则滥差徭役，无所施其奸矣，使上有定额，下有定征，则朦混倍征之弊，可以免矣，此“一条鞭法”之所以为便也。前清入承大统，征收之法，仍用“一条鞭”制。凡有输纳，令民亲行投柜，设立联票，以杜胥吏之滋扰。故“一条鞭”虽为一时整理之方法，但相沿日久，遂成定制，国与民交便。

（三）《赋役全书》

欲查考清初赋役之法，最重要之典籍，当为《赋役全书》，虽其中所载极为苛细，要为财政史上最有价值之作。按当时赋役之法，比较明备，其正赋之额，多以明万历时为标准，至于天启与崇祯时之所加征加派，则一律豁免。《赋役全书》中，可分为四部分研究：第一为地丁原额，第二为荒亡之额，第三为实征之数，第四为起运与存留之数，起运一项之下，列部属仓口，存留一项之下，列款项细数。他如新开垦之地亩，即新招徕之人丁，则附入册尾。此书每县各发二部，一存县署查考，一存学宫之内，以备士民检阅。其内中所载各省赋役之科则，比较琐细，一县之中，有多至数十则者，且所定之科则，各省不同，各类田地亦不尽同，大抵根据土地之肥硗，户口之繁密，历史上之习惯，并无所谓一定之标准与计划，存乎其间。今就其中所列举者，分别而纪述之，约可分为数项；第一先以省为分别，如直隶、奉天、江苏、安徽等省是。第二为各省之面积，如直隶省面积九十七万二千二百方里，江苏省面积三十四万五千九百方里，安徽省面积四十六万九千方里等是，其中亦有不详者。第三为各种田名，如直隶省内，有民赋田、更名田、农桑地、蒿草籽粒地、苇课地、卫地、河淤地、学田等，江苏省内有民赋田、地、山荡溇滩、城基仓基屋基、卫所归并地等是。第四为每种田地之中，每亩征银、征米、征豆、征麦之数，如直隶民赋田之中，每亩征银八厘一毫至一钱三分有奇，米一升至一斗不等，豆九合八抄至四升不等是。此项比较最复杂，各省所征之率既不同，同省之中，各县之率亦不同。后至雍正时又摊丁银于地之内，地丁遂合而为一，名曰正赋，虽奏销册上尚有丁银之名，而征于民间之手续，则与田赋不分。

（四）会计、丈量、赤历诸册

（1）会计册系详载各州县之正项本折钱粮，凡起解到部，逐项应注明年月日期及解户姓名，以杜侵欺，并稽完欠。

（2）丈量册以田为主，所有原隰坟衍下湿沃瘠沙卤之形毕具。

（3）赤历每年颁发二扇，开列户口钱粮数目，一备誊真，一令人民自登纳数，由布政司岁终磨对。

(4) 奏销册系就各省钱粮中之解完数目与蒂欠数目，按年分款，汇造清册，岁终送府，由府送司，由司送部，据以销算考核。

第二节　财政上之组织

(一) 财政上之官制

元设户部尚书三人，掌天下户口钱粮田土之政令。凡贡赋出纳之经、金币转通之法、府藏委积之实、物货贵贱之直、敛散准驳之宜，悉以任之。明置户部尚书侍郎之职，掌天下户口田粮政令。户部属有四：一曰民部，二曰度支，三曰金部，四曰仓部。洪武二十三年，为天下度支事务浩繁，改为十二部，各令清理一省布政司户口钱粮等事，仍量其事务之繁简，带管直隶府州。每一部内，仍分为民、度、金、仓四科，以领其事。洪武二十九年，又改十二部为十二清吏司，永为定制。定都北京而后，裁北京清吏司，增云南、贵州、交趾三清吏司，宣德十年，又裁交趾清吏司，附十三司带管。清初财政组织，对于国家财务行政及皇室财务行政之区别，规定极严。其总司国家财政者曰户部，户部设三库，曰银库，曰缎匹库，曰颜料库。银库为全国财赋总汇，各省岁输田赋、漕赋、盐课、关税、杂赋，除存留本省支用外，凡起运至京者咸入焉。宝泉局所铸钱，亦贮库以待度支。缎匹库专管各省所输之绸缎绢布丝绵线麻之属。颜料库专管各省所输之铜、铁、铅、锡、朱砂、黄丹等物。至政府经费及物之待给者，皆取诸三库。所司藉其数移户部，户部稽核其数而后，乃送交掌库官，掌库官颁之承用之府，核实而发之。其总皇室财政者曰内务府，府内有广储、会计二司，专管皇室一部分之财政。广储司有六库，曰银库，曰缎库，曰皮库，曰衣库，曰茶库，曰磁库。会计司掌领皇庄田亩诸事。以上均关于中央财务行政之规定。其关于地方之财政，曰布政司库，为一省财赋总汇，各州县岁征田赋杂赋，除存留支用外，余悉输布政司库，布政司稽核收支出纳之数，汇册申巡抚建于户部。户部制全国之经费，凡岁出之款十有二：一曰祭祀之款，二曰仪宪之款，三曰俸食之款，四曰科场之款，五曰饷乾之款，六曰驿站之款，七曰廪膳之款，八曰赏恤之款，九曰修缮之款，十曰采办之款，十一曰织造之款，十二曰公廉之款。凡奏销必用四柱清册，一曰旧管，二曰新收，三曰开除，四曰实存。司道以册申于督抚，加印而送部，部设十四清吏司，各按其所隶而核之。例如江南清吏司，掌核江南三布政司之钱粮，及江宁苏州织造之奏销是。

（二）官俸

元初未置禄秩，武官多取诸虏获，文官多待颁赏。世祖时始命给官禄以养廉耻，内如朝臣百司，外如路府州县，微如府吏胥徒，各有等级。考世祖至元二十一年所制俸例，最多者月俸钞六锭、五锭，最少者三十五两。按《元史》上又载内外官俸，自三师左右丞相以下，凡俸钱多至百四十贯，少至十余贯，米多自十五石，少至一石，此或由于后来之更改。以上就京官而言，至于外官，则有职田之规定。明代百官禄廪之薄，似较元代为甚，其宗藩皆可得厚享，而将军以逮百官，多不能自存。洪武十三年，曾定内外文武官岁给禄米俸钞之制，其时官俸全给米，间以钱钞，岁给钱一千钞一贯，抵米一石。后钞法不行，新钞一贯，仅值十钱，旧钞仅一二钱，故官俸之薄，未有甚于此者。兼之明废职田之制，故表面上虽与元不同，而实质上尚不如元代。清初官俸之别有八：一宗室之俸，其等二十有一；二公主格格之俸，其等十有四；三世爵之俸，其等二十有七；四文职官之俸，其等十；五八旗武职官之俸，其等九；六绿营武职官之俸，其等九；七外藩蒙古之俸，其等九；八回爵之俸，其等六。以外饷之别有二：一八旗兵之饷，其等五；二八营兵之饷，其等三。雍正十二年以后，又定外官养廉额，但同官而异额者甚多，例如云南总督二万两，而直隶总督只一万五千两，又如八旗京官有养廉，而汉京官无之，此皆不可思议者。

（三）币制

在本时期中，财政上有一特点可纪者，即币制之侧重于钞是。钞法虽非创始于元代，但元代钞法之流行最广，可分为四期研究：第一期为中统交钞，交钞以丝为本，每银五十两，易丝钞千两，另造中统宝钞，有以贡计者，有以百计者，有以文计者，每贯等于中统交钞一两，两贯等于白银一两。第二期为至元宝钞，自二贯至五百文，凡十有一种，每一贯等于中统钞五贯，与中统钞相辅而行。第三期为大银钞，自二两至二厘，定为十三种，每两等于至元宝钞五贯，白银一两，赤金一钱。第四期为至正交钞，但行之未久，物价高涨，有京师钞十锭不可易一斗粟之象。明代虽惩于元钞之流弊，欲置宝源局铸钱，但承元代之恶习，亦不能离钞，且明定以钞纳税之法。其最显著者，如大明宝钞是。终明之世，钱钞并行，钞币以滥发之故，有时不能通，钱币亦以滥铸之故，至有十余种名目，民间以恶钱、伪钱为苦。清代设户部宝泉局、工部宝源局，鼓铸制钱，如顺治通宝钱、康熙通宝钱以及随后各种通宝钱是。但其值之制不一，或百文等于银一钱，或千文等于银七钱，比价之紊乱，达于极点。钱钞而外，在清代时，银亦为通行货币，纳税时有钱与银配搭之制。乾隆而后，沿海各省，又有洋钱之使行。鸦片战争而后，推行之范围更广。然本国自铸银币，实自光绪十三年始。至光绪二十六七年间，各省竞铸铜元，视为入款大宗。结果遂至铜元充斥，币制日乱。以言钞法，清初惩于元明两代之恶习，力求矫正其弊，只准通用银钱两种。但数传而后，亦不能维持原来之政策，而发行银钱钞票，且官银钱号所发行之银钱钞票而外，私商店亦环起而仿效之，政府又不明钞票为国权之作用，不加取缔，遂至名目繁滋，人民受其荼毒。币制之紊乱，亦可谓达于极点。

第三节　租税制度

（子）田赋

元之取民，大率以唐为法。其取于内郡者，曰丁税，曰地税，此仿唐之租庸调也。取于江南者，曰秋税，曰夏税，此仿唐之两税也。丁税、地税之法，自太宗始行之，初每户科粟二石，后又以兵食不足，增为四石。至丙申年乃定科征之法，令诸路验民户成丁之数，每丁岁科粟一石，驱丁五升，新户半之，老幼不与。其间有耕种者，或验其牛具之数，或验其土地之等以征之，丁税少而地税多者纳地税，地税少而丁税多者纳丁税。秋税、夏税之法，行于江南，初世祖平宋时，除江东、浙西而外，其余只征秋税。至元十九年用姚元之请，命江南税粮，依宋旧制，折输绵绢杂物，是年二月，用左丞耿仁言，令输米三之一，余并入钞以折焉，以七万锭为准，岁得羡余十四万锭。至成宗元贞二年，乃定其制，当时天下岁入粮数，总计一千二百十一万四千七百七石。江南三省，在文宗天历元年时，夏税钞数表总计中统钞一十四万九千二百七十三锭三十三贯。太宗六年七月，定天下地税，八年定科征丁税，世祖中统四年，谕高丽、上京等处，毋重科敛民。降至成宗元贞二年，始定征江南秋夏税之制，秋税只命输租，夏税则输以木棉、布绢、丝棉等物。大德八年诏江南佃户，私租太重，以十分为率，减二分，永为定例。武宗至大三年，遣官经理江南田粮，十一月诏检核浙西、江东、江西田税。泰定帝泰定初行助役法，亦额外加征之一种。以上系元代之制度。

明太祖即位之初，定天下田赋，田有二，曰官田，曰民田；赋有二，曰夏税，曰秋粮，其额数则具于黄册，总于户部，其征输期限，则责之布政司州县，夏税曰米麦，曰钱钞，曰绢。无过八月，秋粮曰米，曰钱钞，曰绢，无过明年二月。洪武元年，遣使核浙西田亩，定赋税。三年，命计民授田。四年，帝以郡县征收赋税，辄侵渔百姓，乃命户部令有司料民土田，以万石为率，田多者为粮长，督其乡赋税。九年，令天下税粮，以银钞钱绢代输。十三年，减苏松嘉湖重赋十之二。二十年，帝以两浙富民，畏避徭役，大率以田产寄他户，谓之贴脚诡寄，因命国子生分行州县，编鱼鳞图册（见前）。惠帝建文二年，均江浙田赋。宣帝宣德五年，诏旧额官田租亩一斗至四斗者，各减十之二；四斗一升至一石以上者减十之三，著为令。英宗正统元年，再减浙江、直隶、苏、松等处官田税，又始折征金花银，以银为正赋，为农政中更制之大端。宪宗时申收粮加耗之令。孝宗时，夏税米麦四百六十二万五千五百九十余区，钞五万六千三百八十余锭，绢二十万二千五十余匹，秋粮二千二百一十六万六千六百六十余石，钞二万一千九百二十余锭，马草二千五百九十四万八千二百六十四束零。弘治三十年，始加派，因边供费繁，加以土木祷祀，月无虚日，帑藏匮竭，乃议于南畿、浙江等州县增赋百二十万，加派自此始。嗣后京边岁用多者过五百万，少者亦三百余万，岁入不能充岁出之半，由是应支为一切之法，其箕敛财贿，题增派，括赃赎，算税契，折民壮，提编均徭推广事例兴焉。穆宗隆庆元年，颁国计簿式于天下，以起科太重，征派不匀，正田赋之规，罢科差之法，自嘉靖三十六年以后，完欠起解追征之数，及贫民不能输纳者备录簿中，自府州县达布政，送户部稽考，以清隐陋挪移侵欺之弊。神宗万历六年，诏户部岁征金花银二十万两。世宗嘉靖九年，创行一条鞭法（见前）。四十六年九月，因骤增辽饷三百万，户部尚书李汝华乃援征倭例，亩加三厘五毫，全国之赋增二百万有奇，明年复加三厘五毫。四十八年，以兵、工二部请，复加二厘，通前后九厘，增赋五百二十万，遂为岁额。熹宗天启二年，复增田赋。庄烈帝崇祯三年，复增田赋充饷，复九厘外，复征三厘，合旧所增，凡六百八十余万。八年征助饷银，每两一钱。十年行均输法，因增饷二百八十万故也。十二年六月，加征练饷，共增七百三十万，合前后共计增赋千六百七十万。

清初并宇内除明季加派私增之弊，而订定《赋役全书》（详前），以均天下之赋役。凡赋役之法，各核其地丁之数，析之以科则，而约于条鞭。凡赋有地赋，有丁赋，役有均徭，有支驿，随地丁征焉；不随地丁征者，曰杂赋，杂赋有课，有租，有税，有贡，此清初之制度也。

据光绪十四年，奏销报册，凡各省各地额赋三千一百一十八万四千零四十二两有奇，钱一十二万三千六百贯，粮三百六十二万四千五百三十二石有奇，草以束计者，五百二十六万二千八百束，以斤计者，一千四百九十一万二千有奇，无定额者，则实收而实解焉。凡征赋有耗羡则归于公，耗羡皆有常，浮以丝忽则罪之。仲春而开征，仲夏而停之，仲秋而接征，仲冬而征毕焉，稽其隐寄，纠其抗欠，以缴纳于司库而报部，越岁则奏销，各核其分数以考成。按田赋为清朝之主税，而田赋之收入，大率不外地丁、漕粮、屯租、租课各项，地丁者，地指地亩，丁指人丁，当明末清初之时，有丁粮、地粮之分，后因历年既久，人口益增，人民转住移居，极无定所，人口调查，极形困难，人丁税既不便于征收，故至雍正之世，全废之，而以加入之于地粮中，实质上惟有地税而已，而地丁之名，行之至今未变。赋则之制，各省不同，因各处土地之肥瘠，分为上中下三级，更分各级为上中下三等，即同为一等级之地，而各省互异，大抵因地质之异同，及惯例之沿袭，渐至于此。且田亩之名目，有名田、民田等分别，明末又有耗羡之征，清初悬为厉禁，雍正时因经费不敷，乃将耗羡归公，自是耗羡始与正供并重。漕粮者，由地粮内派征本色，依水次之便而运输者也，咸同而后，各省渐次改征折色，其纳本色者，仅江、浙两省，起运漕白粮米一百万石而已。屯租者，起于屯卫粮田，迄至光绪二十八年，所有屯租归入地丁项下征收。租课者，土地为国家所有，由官经理，租给民人所收之代价是也。查各省租课，大率官租、学租居多，沿海沿湖之地，尚有芦课。以上四项，据光绪二十九年报告，其所得为三千五百万两，而实征之数，尚与额征之数不相符。总之田赋制度，各省虽大概相同，然征收情形，此省与彼省各殊，改革前与改革后复异，庚子而后，中央因赔款不足，令各省摊派于地丁中，而摊派之法，各省亦不相同，江苏则加修价钱，陕西则有赔款差徭，四川则有新加损输，其余各省，加派之状况，大抵相同，惟名目不一，其恶根所植，遂造成今日漫无统系之现状。

（丑）杂税

（1）盐税。元太宗二年，始行盐法，每盐一引，重四百斤，价银十两，以河间、山东、河东盐课，隶征收课税所。世祖中统二年六月，定盐课法。元时国家经费，盐利居十之八，而两淮独当天下之半。中统二十年，颁至元新格盐法。武宗至大元年，增盐课。延祐五年，颁《盐法通例》。顺帝元统二年，复立盐局于京师南北城。明太祖辛丑岁，始立盐法，置局设官，令二十取一，以资军饷。洪武时定盐引条例，复从户部请，定纳米中盐则例。按明朝盐课，专以供给边饷，或水旱凶荒亦藉赈济，其利甚溥，然法久弊滋，条件因时渐密。成祖时，行户口食盐纳钞法。英宗时，行兑支法。景帝时，申严灶丁私贩禁。自是以后开中（注：开中乃召商输粮）之事，日益繁多，故不具载，降至末叶法日密而弊日甚。细究明代盐法之坏，其弊有六：一开中不时，米价腾贵，有召籴之难；二势豪大家，专擅利权，有报中之难；三官吏苛罚，吏胥侵索，有输纳之难；四下场挨掣，动以数年，有守支之难；五定价太昂，息不偿本，有取赢之难；六私盐四出，官盐不行，有市易之难。有此六难，正课亦因之而壅。清时盐政，乃以盐归商人专卖，受政府之监督，其盐政之制，与税制不相合，兹特从略。而所谓盐税者，乃就盐课与盐厘而合称之，盐课为盐商准照其引数所输纳之正税，谓之正课，此外尚有征收附加税者，谓之杂款。盐商之贩卖官盐也，于完纳正课及杂款之外，亦与百货相同，当运过盐卡之时，须纳盐厘，与盐课合而为盐税。盐厘之征收，各省不相统一，就光绪二十九年户部所报告之各省盐税表，总计银一千一百二十六万九千八百六十五两，又钱二百二十四万零零四十四串，此中无安徽、江西两省之数，合计之约为一千三百万之谱，其中盐课约七百万两，盐厘约六百万两，此清末盐税之大概情形，直至民国成立，盐税改革，收入亦随之大增。

（2）关税（商税附）。元太祖时定诸路课税，又置十一路征收课税使，复立征收课税所。世祖时改诸路监榷课税所为转运司，是年令凡在京权势之家为商贾，及以官银买卖之人，并赴务输税，入城不吊引者同匿税法。至元时定三十分取一之制，以银四万五千锭为额，有溢额者别作增余。至元二十六年，大增天下商税。成宗时增上都税。大德二年，定诸税钱二十取一。武宗时，定税课殿最法。天历时，全国总入商税额数九十三万九千五百六十八锭有奇，视至元七年所定之额增数十倍，盖至元时只四万五千锭也。明太祖即吴王位，设宣课、通课等司，凡商税三十取一。明初务简约，其后增置渐多，行赍居鬻，所过所止，各有税，其名物件析榜于官署，按而征之，应征而匿藏者没其半。凡纳税地置店，历书所止商民名物数。官司有都税，有宣课，有司，有局，有抽分场局，有河泊所。所收税课有本色，有折色，税课司局、京城诸门及各府州县市集多有之，凡四百余所，其后以次裁并十之七。又有门摊课钞，领于有司。洪武十年，遣中官、国子生等核实天下税课司局。成祖时，定京城官店场房税。仁宗时，增市肆门摊课钞。宣宗宣德四年，始设钞关及收钞官。英宗时，置官房于彰义门，收税课钞，又增置芜湖、荆州、杭州三处工部官。孝宗时，定京城商贩起条纳税例。武宗时增京城九门税。世宗时置钞关稽考簿。世宗嘉靖四十二年，令各关岁额定数之外，余饶悉入公帑。穆宗时，申明九门课税原定则例。神宗时，革天下私设无名税课，旋设差征租店使。崇祯二年，命关税每两征一钱，三年命关钞每两复增二钱，九年复议增税课款项，至十三年增关税二十万两。清代关税，据《大清会典》之所定，凡户关之属二十有六，其课有正额，有赢余，各以时报解，期满则以上闻，偿其不足者，有余则各以其实解焉。凡征税各定其口岸，巡查亦如之，禁其苛扰。凡税关各颁其则锲而树于市，商至俾输课，遂给以单，稽其隐匿者、越行者，重则罪之，轻则罚之。凡货物皆征其税，惟外藩之贡物则不征，凡不征者皆核其实而验放焉。凡税耗各征其十之一，经费皆出焉，无耗则取于赢余。凡贷物稽其犯禁者，商船之出海者，则给以照，而验其出入之期，若食米、绸缎、铁器，皆限以制。就当日定《会典》时而观，每年此项征额银四百五十万两，自海关成立而后，旧日之关，易其名曰常关，税收亦渐次减退。按海关之成立，乃因鸦片战争之结果，缔结一千八百四十二年（即道光二十二年）之《南京条约》，开放五口，以为通商口岸，各国遂于其地，各设领事馆，由各国领事征取其本国商民所输出入物品之关税，以纳之清政府。后因各国领事，各袒其商民，清政府遂于一千八百五十一年废此制度。后因征收官吏营私舞弊，故一千八百五十四年，再与各国协议，凡通商口岸，得置欧美人之税务司，英美法三国各举税务司一名。后因中国与外国之贸易，惟英国占其大部分，而英人惠德之材能，亦比同事者为优胜，遂膺总税务司之任，继惠德者为黎，继黎者为赫德，经理之效，推赫氏为最大。又一千八百九十七年，英国与中国结一条约，以后凡总税务司之职，永远以英人担任。自道光末至宣统末，通商日广，海关亦日增，计共凡五十有三，每关有长，曰税务司，其上有海关监督，总税务司总辖各司而黜陟之，其上有督办税务大臣，不过大权皆握诸总税务司，及各关税务司之手。海关所掌之税目凡六：一曰进口税，二曰出口税，三曰子口半税，四曰复进口半税，五曰船钞，六曰鸦片厘税。海关事务分为四部分：一征税部，二船钞部，三邮便局（后改归邮传部），四教育课，此当时组织之大概。就一千九百零四年（光绪三十年）清朝海关税之总计，征收关平银三千一百四十九万三千一百五十六两三钱四分三厘，与十年前相较（一八九五）增加五分之二。常关与海关而外，清末尚有一种病民最深之厘金。按厘金为一种地方通过税，咸丰三年，雷以诚奏请设捐局于江南泰州宝应，抽收厘捐，厘金之制，实始于此。后因军兴饷绌，曾国藩亦仿行抽厘之法，以充军用，继而胡林翼行之湖北，不数年内，各省皆通行之，其初不过暂行抽收，乃相沿成习，不但不依制停止，且增设局数。凡全国水陆之市镇，几于无处不设厘金，各省制度不同，征收之法各异，其税目甚为繁多，税率原以货物之原价百分之二半为标准，其实则由征收者任意评定，立为税率，每过一卡，抽收一次。厘金之收入，就光绪二十九年户部所报告之各省岁入表合计，共银一千一百七十九万五千五百七十六两，钱三百三十二万四千四百四十八串。

（3）榷酤。元太宗定酒课，按十取一。元代每岁酒课，腹里五万六千二百四十三锭六十七两一钱，各行省共四十一万二千三百一十一锭二百两零九钱。明太祖时从中书省请，定征酒之税。英宗时，命各处酒课，州县收贮以备用。景帝时，定酒曲每十块收税钞、牙钱、钞塌、房钞共三百四十文。世宗时，革甘肃原派店户、流民、酒屠、油铺等银。神宗时，命张家湾宣课司解光禄寺曲块折银。清初不专设榷酤之官，亦未定酒税为国家之收入，其意乃因造酒糜费米粮，有碍民食，故北五省有烧锅蹯曲之禁。乾隆初，通州收纳油酒等税，酒铺上户每月税银一钱五分，中户一钱，下户八钱，有时且有敕令免其纳税。降及中叶，各省均有酒税之名目，亦为地方收入之一种，不过其收人无一定之标准，而各省之情形亦不同，故此项总额亦无从可考。

（4）榷茶。元世祖时，榷成都茶，又榷江西茶。至元十三年，定长引短引之法，以三分取一。十九年，命江南茶课，官为置局。三十年，改江南茶法。成宗时，增江南茶课。文宗时，罢榷茶司。明太祖辛丑岁，始立茶法，仍由官给茶引，赴产茶地方领茶。崇祯时太仆卿王家彦乞复金牌制，及严收良茶法，诏从之。清初循明制，设茶马事例，定以茶与西番易马之制，行于陕西、甘肃等省。雍正以后，始定征税法，其法与盐政相近，由户部颁发茶引于各地方官，茶商必有引，始能往产茶处购茶，无引者谓之私茶，照私盐例治罪。随后各省又就各关卡设收茶税。

（5）其他杂敛。元太祖时诏杂税三十取一。世宗二十九年，定湖南门摊课例。终元之世，各种杂敛名目，具见于史乘者，有历日课、契本课、河泊课、山场课、窑冶课、房地租钱、门排课、池塘课、蒲苇课、食羊课、荻苇课、煤炭课、撞岸课、山查课、抽分课，以及曲鱼漆荡山泽柳乳牛蒲柴羊皮磁竹等，皆有课，课之名凡三十有二。明太祖初设抽分竹木局及河泊所。降至中叶，下及畿辅煤窑，亦有课，且芦课、灶课等杂税，亦为国用所仰给。杂敛之多，至明末更甚，就后来清初所豁除者而观，如禁革陕西落地税，及严禁各处津头牙店擅科私税，书不胜书。李自成檄中所谓征敛重重，民有偕亡之痛，确是写实。清初入关时，对于各项杂敛，悬为例禁，涤荡繁苛，未始不善。降及中叶，杂税亦多，而流毒之深，贻害之远，莫如土药税。当时清廷收入，恃为大宗，光绪十一年政府命各省督抚课税于内地所产之鸦片，名曰药叶税。其收入之额，日见加增，其征收之法，各省情状不同，故规定上亦不划一，有抽落地税、厘金、关税每百斤五十五两者，有抽四十两或二三十两者，税率不一。就光绪二十九年户部报告，共计一百九十四万七千四百二十四两，广东不在此数内。据实地调查者言之，鸦片之税，逃脱不少，且征收之额，亦决不止此。其他各项杂税，有相沿日久，向有定制者，有光宣之交，临时加征者，前者有牙税、当税、契税、铺税、渔税、矿税等数种，后者如直隶之烟税、家屋税、车捐、花捐、妓捐等，各省新设之名目，大抵相同。牙税者，乃得户部或地方官之许可，开设牙行，由官吏给以牙帖，征其手数料，开行之后，每年尚须别纳牙税。当税者，对于典当及小押店所征之税。契税乃人民买卖土地之时，按一定之税率，纳契税。总计各项杂税之收入，就光绪二十九年户部之报告而观，共银三百二十七万零五百八十九两，钱二十五万四千六百八十八串（茶税、酒税均在内）。至于各省新设之地方杂税，或就各省地方岁出项下支出，或收入无一定之标准，因省与省不同，因之收入之总额，亦莫得而详。